Kohlhammer

Die Autorinnen und der Autor

Dr. Gottfried Biewer ist Professor am Institut für Bildungswissenschaft der Universität Wien und Vize-Studienprogrammleiter der Lehrer*innenbildung für das Sekundarstufenlehramt im Verbund Nordost in Österreich.

Dr. Michelle Proyer ist Assistenzprofessorin (Tenure-Track-Professur) für Inklusive Pädagogik am Institut für Lehrer*innenbildung der Universität Wien.

Dr. Gertraud Kremsner ist Seniorlecturer für Inklusive Pädagogik und Wissenschafterin auf einer Postdoc-Qualifizierungsstelle am Institut für Lehrer*innenbildung der Universität Wien.

Gottfried Biewer, Michelle Proyer, Gertraud Kremsner

Inklusive Schule und Vielfalt

Verlag W. Kohlhammer

Dieses Werk einschließlich aller seiner Teile ist urheberrechtlich geschützt. Jede Verwendung außerhalb der engen Grenzen des Urheberrechts ist ohne Zustimmung des Verlags unzulässig und strafbar. Das gilt insbesondere für Vervielfältigungen, Übersetzungen, Mikroverfilmungen und für die Einspeicherung und Verarbeitung in elektronischen Systemen.

Die Wiedergabe von Warenbezeichnungen, Handelsnamen und sonstigen Kennzeichen in diesem Buch berechtigt nicht zu der Annahme, dass diese von jedermann frei benutzt werden dürfen. Vielmehr kann es sich auch dann um eingetragene Warenzeichen oder sonstige geschützte Kennzeichen handeln, wenn sie nicht eigens als solche gekennzeichnet sind.

Es konnten nicht alle Rechtsinhaber von Abbildungen ermittelt werden. Sollte dem Verlag gegenüber der Nachweis der Rechtsinhaberschaft geführt werden, wird das branchenübliche Honorar nachträglich gezahlt.

Dieses Werk enthält Hinweise/Links zu externen Websites Dritter, auf deren Inhalt der Verlag keinen Einfluss hat und die der Haftung der jeweiligen Seitenanbieter oder -betreiber unterliegen. Zum Zeitpunkt der Verlinkung wurden die externen Websites auf mögliche Rechtsverstöße überprüft und dabei keine Rechtsverletzung festgestellt. Ohne konkrete Hinweise auf eine solche Rechtsverletzung ist eine permanente inhaltliche Kontrolle der verlinkten Seiten nicht zumutbar. Sollten jedoch Rechtsverletzungen bekannt werden, werden die betroffenen externen Links soweit möglich unverzüglich entfernt.

1. Auflage 2019

Alle Rechte vorbehalten
© W. Kohlhammer GmbH, Stuttgart
Gesamtherstellung: W. Kohlhammer GmbH, Stuttgart

Print:
ISBN 978-3-17-034737-3

E-Book-Formate:
pdf: ISBN 978-3-17-034738-0
epub: ISBN 978-3-17-034739-7
mobi: ISBN 978-3-17-034740-3

Inhaltsverzeichnis

Vorwort		**9**

1	**Grundlegende Begriffe und Theorien**	**11**
1.1	Heterogenität, Diversity, Differenz und Vielfalt	12
1.2	Vulnerabilität, Marginalisierung und Pädagogik der Vielfalt	13
1.3	Intersektionalität	18
1.4	Inklusion als Leitbegriff für die Entwicklung von Bildungssystemen	21
Weiterführende Literatur und Links		26

2	**Menschenrechtliche Grundlagen Inklusiver Bildung**	**27**
2.1	Theorien der Bildungsgerechtigkeit	28
2.2	Die Allgemeine Erklärung der Menschenrechte und Konventionen der UN	38
2.2.1	Die Allgemeine Erklärung der Menschenrechte	39
2.2.2	Abkommen über die Rechtsstellung von Flüchtlingen	42
2.2.3	UN-Kinderrechtskonvention	44
2.2.4	Übereinkommen zur Beseitigung jeder Form von Diskriminierung der Frau	47
2.2.5	UN-Behindertenrechtskonvention	48
2.3	Menschenrechtliche Grundlegung im Kontext Schule	51
Weiterführende Literatur und Links		53

3	**Dimensionen der Vielfalt und pädagogisches Handeln**	**54**
3.1	Soziale Ungleichheit und Armut	55
3.1.1	Armutstheorien und Armutsbegriffe	55
3.1.2	Armut und Resilienz	61
3.1.3	Individuelles Kapital von Schüler*innen	63
3.1.4	Ausblick auf soziale Ungleichheit und Armut aus der Perspektive Inklusiver Pädagogik	65
3.2	Geschlecht und Gender	66
3.2.1	Gender – Bedeutung von Geschlecht jenseits biologischer Determinanten	68
3.2.2	Historische Hintergründe zu genderspezifischen Entwicklungen der Schulsysteme deutschsprachiger Länder	71
3.2.3	Gender in der Schule	74
3.2.4	Ausblick auf Gender aus der Perspektive Inklusiver Pädagogik	77
3.3	Migration, Forced Migration und Flucht	79
3.3.1	Begriffsbestimmung: Kultur	82
3.3.2	Grundlagen und historische Genese pädagogischer Überlegungen im Kontext von Kultur und Migration	84
3.3.3	Migration, Flucht und forced migration im Kontext schulischer Bildung	87
3.3.4	Ausblick auf Migration und Flucht aus der Perspektive Inklusiver Pädagogik	90
3.4	Sprachliche Diversität	92
3.4.1	Sprache und Migration in schulischen Kontexten	93
3.4.2	Sprache und Flucht in schulischen Kontexten	95
3.4.3	Gebärdensprachen in der Schule	98
3.4.4	Ausblick auf sprachliche Diversität im Kontext Inklusiver Schule	100

3.5	Behinderung	101
3.5.1	Behinderungsmodelle	102
3.5.2	Behindertenbewegung, Selbstvertretung und Disability Studies	105
3.5.3	Zur Konstruktion der Kategorie Behinderung (in schulischen Kontexten)	107
3.5.4	(Schulische) Inklusion im Kontext von Behinderung	110
3.6	(Hoch-)Begabung	112
3.6.1	Definitionen, Theorien und Modelle	112
3.6.2	Schulische Maßnahmen	116
3.6.3	Kritik des Hochbegabungskonzepts und seiner Folgen	117
Weiterführende Literatur und Links		119

4 Die inklusive Schule als Institution in Entwicklung und Veränderung — 121

4.1	Der Index für Inklusion als Werkzeug zur inklusiven Schulentwicklung	122
4.2	Didaktische Zugänge zur inklusiven Schule	128
4.2.1	Inklusive Didaktik	129
4.2.2	Inklusive Fachdidaktik	132
4.2.4	Ausblick	135
Weiterführende Literatur und Links		136

Nachwort — 137

Literaturverzeichnis — 141

Vorwort

Dieses Buch wendet sich primär an Studierende des Sekundarstufenlehramts – unabhängig davon, welche Unterrichtsfächer sie gewählt haben. Die Autor*innen dieses Bandes sehen schulische Inklusion als ein langfristiges und generationenübergreifendes Projekt. Eine inklusive Gesellschaft, die Vielfalt wertschätzt, benachteiligte und marginalisierte Gruppen einbezieht oder aber Marginalisierung erst gar nicht zulässt, ist auch die Leitvorstellung für Veränderungen im Bildungswesen. Diese lassen sich weder verordnen noch kurzfristig umsetzen. Inklusion ist damit ein langfristiges Projekt, das auf eine neue Generation von Lehrkräften zielt, die diese Veränderungen in ihrem pädagogischen Handeln umsetzen.

Das Buch ist aber auch durch seine Autor*innen als generationenübergreifendes Projekt angelegt, allein schon aufgrund der Altersunterschiede der Verfasser*innen. Vorhandene bildungswissenschaftliche Wissensbestände werden mit dem Zugang von Nachwuchsforscher*innen verknüpft und in dieser Verbindung neue Inhalte generiert für die Ausbildung einer zukünftigen Generation von Lehrkräften. Der Text des Buches wird von allen drei Autor*innen gemeinsam verantwortet, auch wenn seine Teile von Einzelnen konzipiert wurden, wie sich möglicherweise an unterschiedlichen Schreibstilen erkennen lässt.

Leitend waren von Anfang an ein menschenrechtlicher Zugang zu pädagogischen Fragestellungen und die Absage an jede Form der Attribuierung von Schüler*innen anhand von negativ konnotierten Zuschreibungen. Dabei ist der schulische Erfahrungshintergrund der Autor*innen recht unterschiedlich. Er reicht von einem forschenden Zugang zur Schule, auch unter internationaler Perspektive, bis zu einer langjährigen eigenen Berufstätigkeit als Lehrkraft.

Die Inhalte dieses Buches berücksichtigen zwar bestehende Studienpläne für das Sekundarstufenlehramt in Deutschland, Österreich und der Schweiz. Sie versuchen diese aber nicht abzubilden, sondern inklusives Denken auch dort weiterzuentwickeln, wo staatliche Vorgaben einer globalen Entwicklungsperspektive noch nicht entsprechen. Bildungspolitische Bezugspunkte finden sich daher eher in der Agenda 2030 mit dem Ziel für nachhaltige Entwicklung im Bildungssektor (SDG 4), denn in aktuellen gesetzlichen Vorgaben der deutschsprachigen Länder.

Die Autor*innen bedanken sich bei Andrea Strachota, Simon Reisenbauer, Barbara Hager und Tobias Buchner für die wertvollen kritischen Kommentare und Korrekturhinweise.

Wien, im September 2018
Gottfried Biewer, Michelle Proyer und Gertraud Kremsner

1
Grundlegende Begriffe und Theorien

> **Worum es geht …**
> Dieses Kapitel skizziert die Konzepte Heterogenität, Diversity, Differenz und Vielfalt vor dem Hintergrund der Geschichte ihrer Entstehung und ihrer Verwendung in den Kultur- und Sozialwissenschaften. »Pädagogik der Vielfalt« ist ein im deutschsprachigen Raum entstandener Zugang, der verschiedene Heterogenitätsdimensionen für die Bildungs- und Erziehungswissenschaft miteinander verbindet. Mit Intersektionalität wird die Gleichzeitigkeit verschiedener Dimensionen der Diversität benannt, die zu Marginalisierungseffekten führen können. Das Kapitel schließt mit einem Überblick zur Genese des Konzepts der Inklusion als

> gegenwärtiger Leitvorstellung globaler Bildungsentwicklung, die Vielfalt im Bildungswesen wertschätzt.

1.1 Heterogenität, Diversity, Differenz und Vielfalt

Vielfalt, Differenz, Heterogenität und Diversity sind Begriffe, die in unterschiedlichen fachlichen Diskussionszusammenhängen entstanden sind. Das Phänomen der Verschiedenheit von Kindern und Jugendlichen ist für die Ideengeschichte der beiden letzten Jahrhunderte wiederholt beschrieben worden. Gegen Ende des 20. Jahrhunderts ist es zunehmend in den Vordergrund getreten und hat mit der Proklamation von Inklusion als aktuellem pädagogischem Leitkonzept herausragende Berücksichtigung erfahren. Bei Vielfalt, Differenz, Heterogenität und Diversity handelt es sich um Begriffe, die teils gleichzeitig, aber auch zeitlich versetzt entstanden sind und sich entwickelt haben.

Heterogenität entstammt als Begriff eher der schulpädagogischen Debatte und verweist auf die Verschiedenheit von Individuen, Gruppen und pädagogischen Organisationen (Walgenbach 2017, 12 f). Budde (2017, 15) sieht Vorstellungen von Heterogenität bereits im 19. Jahrhundert als ein zentrales Thema der Schule an. Heterogenität benötigt immer ein oder mehrere Vergleichsmerkmale und ist mit dem Begriff der Homogenität verbunden (vgl. Sturm 2016). Heterogenität ist als inhaltliches Konzept im deutschsprachigen Raum traditionell eher mit dem Pflichtschulbereich verbunden, Homogenität stellt hingegen traditionell stärker ein Leitkonzept der höheren Schulen dar (ebd., 13 ff).

Diversity bezieht sich auf einen Fachdiskurs, der in Wirtschafts- und Betriebswissenschaften entwickelt und in die Erziehungswissenschaft hineingetragen wurde (ebd., 92). Die Theorietradition der Einwanderungsländer USA und Kanada stellte hier den Hintergrund dar, und Diversity wurde als Bereicherung für Bildung und Erziehung, gleichzeitig aber auch als eine Antidiskriminierungsstrategie verstanden.

Der Begriff der *Differenz* ist in bildungswissenschaftlichen Kontexten entstanden – und zwar als Reaktion auf die Wahrnehmung von Unterschieden als Defizite (ebd., 94 ff). In den 1960er und 1970er Jahren wurden Bildungsprobleme etwa von Mädchen aus sogenannten ›Gastarbeiter*innenfamilien‹ eher anhand von Mängeln gegenüber einer erwarteten Norm beschrieben. Auch wenn Differenz semantisch nicht auf Bewertungen verweist, so zielen die Debatten, mit denen der Begriff in die bildungswissenschaftliche Diskussion eintrat, sehr wohl auf Unterschiede, die mit Defiziten gegenüber einer Norm verbunden waren. Die Debatte über Differenz löste spätestens seit Mitte der 1990er Jahre den vorausgegangenen Diskurs über das Fehlen formaler Gleichheit im Bildungssystem ab (Emmerich, Hormel 2016, 569).

Vielfalt ist ein Begriff, der nicht nur in bildungs- und sozialwissenschaftlichen Diskussionszusammenhängen, wie etwa in einer Pädagogik der Vielfalt (▶ 1.2), vorhanden ist, sondern auch im alltäglichen Sprachgebrauch seinen Platz hat.

Heterogenität und Differenz haben als Begriffe in ihrer gegenwärtigen Verwendung eher einen beschreibenden und weniger einen normativen Charakter. Als bildungswissenschaftliches Konzept ist Vielfalt ähnlich wie Diversity eher mit positiven Wertungen versehen und bezieht sich häufig auf Menschen, die als vulnerabel oder marginalisiert betrachtet werden.

1.2 Vulnerabilität, Marginalisierung und Pädagogik der Vielfalt

Wörtlich übertragen bedeutet *Vulnerabilität* ›Verwundbarkeit‹ oder ›Verletzlichkeit‹. Im gesellschaftlichen Zusammenhang bezeichnet der Begriff aber auch »Sensitivität von Menschen gegenüber Belastungen und riskanten Lebenslagen« (Fingerle 2016, 422). Der Begriff findet in den Sozialwissenschaften Verwendung in Bezug auf Personen und Gruppen, die sich in ihrer Umwelt nur unzureichend behaupten können und in sozialen Prozessen häufig das Nachsehen haben. Vulnerable Gruppen können beispielsweise sein: Frauen in patriarchalisch organisierten Gesellschaften, religiöse oder ethnische Minderheiten, nomadische Bevölkerungen oder Wanderarbeiter*innen. Trotz der gegenwärtig häufigen Verwendung in den Sozialwissenschaften ist die Begriffsentstehung mit medizinischen und insbesondere psychiatrischen Diskursen verbunden, die seine bildungswissenschaftliche Verwendung auch problematisch erscheinen lassen können (Fingerle 2016, 426).

Häufig in Verbindung mit dem Konzept der Vulnerabilität lesen wir auch vom Phänomen der *Resilienz*. Ausgangspunkt bildungswissenschaftlicher und soziologischer Resilienzforschung sind Beobachtungen, dass die Bildungslaufbahn von Kindern, deren Lebensbedingungen außerordentlich benachteiligend sind, nicht unbedingt zu Schulversagen und Delinquenz im Jugend- und Erwachsenenalter führen müssen. Resilienz bezeichnet die Fähigkeit, aufgrund vorhandener personaler und sozialer Ressourcen sowie adaptiver Bewältigungsformen Problemlagen zu bewältigen (ebd., 425).

Die Unterscheidung in unterschiedliche Systemebenen hat in den Sozialwissenschaften eine sehr lange Tradition, die auf den Sozialpsychologen Bronfenbrenner (1989) und seine *Ökologie der menschlichen Entwicklung* zurückgeht. Obwohl schon in der zweiten Hälfte des 20. Jahrhunderts entwickelt, hilft sein Modell auch heute noch, unterschiedliche Formen des Ausschlusses und des ›An-den-Rand-gedrängt-Werdens‹ zu verstehen, die mit einem neueren Begriff auch als *Marginalisierung* bezeichnet werden können.

Vulnerabilität steht in direktem Zusammenhang mit Marginalisierungsprozessen. Prozesse der Marginalisierung sind auf allen Systemebenen möglich. Dabei spielen ökologische Übergänge von einem Lebensbereich in einen anderen nicht selten eine entscheidende Rolle. Bronfenbrenner versteht darunter den Prozess, »wenn eine Person ihre Position in der ökologisch verstandenen Umwelt durch einen Wechsel ihrer Rolle, ihres Lebensbereichs oder beider verändert« (Bronfenbrenner 1989, 43). Wer aus einem anderen Land kommt und in einer ländlich-agrarischen Region aufwuchs, in der religiöse Normen das tägliche Leben bestimmten, wird möglicherweise an den Rand gedrängt werden, wenn er in einen urbanen Lebensraum abwandert, der säkular orientiert ist und wo zudem eine andere Sprache gesprochen wird.

Die Marginalisierung ist aber nicht zwangsläufig. Es könnte auch sein, dass die migrierende Person von familiären Strukturen aufgenommen wird, die Religion und Brauchtum der Herkunftsgesellschaft pflegen und die Sprache des Herkunftslandes (oder der -region) sprechen. In Großstädten deutschsprachiger Länder gibt es Stadtteile, in denen Erwachsene mit der bislang gesprochenen Sprache ihres Heimatlandes in ihrem Umfeld zurechtkommen, ohne dass profunde Deutschkenntnisse erworben werden. Auch in der Schulklasse gibt es keine Prozesse individueller Marginalisierung, wenn die Mehrheit der Schüler*innen einen vergleichbaren Hintergrund hat. Betrachten wir die Gruppe der Schüler*innen mit Migrationshintergrund auf der makrosystemischen Ebene des Staates, so kann diese Marginalisierung aber sehr wohl gegeben sein.

Bronfenbrenners ökologische Theorie ist ein möglicher Zugang zur formalen Strukturierung von Systemen oder Lebensbereichen, die hilft, entwicklungsrelevante Prozesse zu beschreiben. Daneben gibt es aber auch andere erklärungsmächtige Zugänge, wie etwa biografische Ansätze, die die soziale Welt ausgehend von individuellen Erfahrungen aufschlüsseln und auf diesem Hintergrund zu Aussagen über institutionelle und gesellschaftliche Strukturen gelangen.

Ein weiterer älterer Ansatz, der die in diesem Buch erarbeitete Thematik mit grundgelegt hat, entstand in den späten 1980er und frühen 1990er Jahren mit Annedore Prengels Habilitationsschrift »Pädagogik der Vielfalt« (Prengel 1995). Der nachfolgende Abschnitt referiert Prengels Positionen und Argumentationen in der von ihr verwendeten Terminologie.

Prengel fragt nach den Gemeinsamkeiten der Interkulturellen, der Feministischen und der Integrativen Pädagogik. Sie beschreibt sie als ›Pädagogische Bewegungen‹, die Beiträge leisten zur ›multikulturellen Gesellschaft‹, zur ›Neugestaltung des Geschlechterverhältnisses‹ und zur ›Nichtaussonderung von Menschen mit Behinderungen‹. Sie schreibt, es handele sich um pädagogische Richtungen, die in einem Arbeitszusammenhang stehen im Bereich der Bildungspolitik, der Wissenschaften und der pädagogisch-praktischen Aktivitäten. Die drei Konzepte seien unabhängig voneinander entstanden, und zwar bei Gruppen und Einzelpersonen gegen Ausländer*innenfeindlichkeit, in der Frauenbewegung und im Zusammenschluss von Eltern behinderter Kinder. Sie sieht in den Konzepten trotz jeweils spezifischer pädagogischer Fragestellungen auch wesentliche strukturelle Gemeinsamkeiten, die sie in ihrer Schrift herausarbeitet.

Prengel geht aus von der Kritischen Theorie (›Frankfurter Schule‹) und sieht sich der Demokratie und dem emanzipatorischen Bildungsideal verpflichtet. Die Kritische Theorie, die im Bereich der Philosophie und der Sozialwissenschaften entstanden ist und für die Namen wie Theodor Adorno, Max Horkheimer und Jürgen Habermas stehen, hatte mit Wolfgang Klafki ebenfalls einen prominenten Vertreter in der Bildungs- und Erziehungswissenschaft. Einige seiner Arbeiten sind nach wie vor grundlegend im Bereich von Kritischer Bildungstheorie, Schulpädagogik und Didaktik. Neben Klafki bezieht sich Prengel auf Positionen des Postmodernismus, und durch die Verknüpfung von Positionen der Kritischen Theorie mit solchen der Postmoderne sieht sie eine Vertiefung demokratischen Denkens in der Dimension der Pluralität (Prengel 1995, 17).

Prengel möchte Differenz- und Heterogenitätstheoreme im Hinblick auf das Problem egalitärer Differenz überprüfen und modifizieren. Doch was bedeutet der auf den ersten Blick widersprüchliche anmutende Ausdruck der »egalitären Differenz«? Prengel übernimmt von Windelband die Sichtweise, Gleichheit sei ein Verhältnis, worin Verschiedenes zueinanderstehe (ebd., 29 f). Jeder Begriff könne ohne den anderen nicht definiert werden. Beide Begriffe seien in einem Abhängigkeitsverhältnis aufeinander bezogen: Gleichheit könne nicht

1.2 Vulnerabilität, Marginalisierung und Pädagogik der Vielfalt

bestimmt werden ohne Verschiedenheit; die Existenz von Verschiedenheit sei Voraussetzung für das Feststellen von Gleichheit. Prengel unterscheidet weiterhin Verschiedenheit von Ungleichheit. Der Begriff *Gleichheit* spreche *qualitative* Differenzen an – im Unterschied zum Begriff *Ungleichheit*, der sich auf quantitative Differenzen beziehe (ebd). Prengel betrachtet Gleichheit und Differenz als zentrale Begriffe für die Legitimation sozialer Ungleichheit, aber auch von Emanzipationsbewegungen. Mit der Bildung von Rangordnungen aus Unterschieden führe undemokratisches Denken zu Hierarchisierung. In der demokratischen europäischen Denktradition sieht Prengel kein emanzipatorisches Konzept von Verschiedenheit. Zu solch einem demokratischen Differenzbegriff versucht Prengel über die Auseinandersetzung mit den neuen pädagogischen Bewegungen (Interkulturelle Pädagogik, Feministische Pädagogik und Integrationspädagogik) zu gelangen.

In jeder dieser drei Bewegungen sieht Prengel Problemstellungen bearbeitet und Lösungen entwickelt, die sich für die pädagogische Umsetzung demokratischer Wertschätzung von Differenzen besonders eignen (ebd., 167). Sie stellt fest, dass jede Bewegung ihre besondere Stärke an ganz unterschiedlichen Problemstellungen entwickelt hat. Die besondere Stärke der Interkulturellen Pädagogik sei die Wertschätzung der Vielfalt der Kulturen. Die Stärke der Feministischen Pädagogik sieht sie in »ihrer hochentwickelten Bewusstheit für subtile Diskriminierungen durch wissenschaftliche Aussagen, durch Erlasse, Unterrichtsmaterialien, Lehrpläne und Alltagssprache« (ebd., 169). Die herausragende Leistung der Integrativen Pädagogik sieht sie in dem Nachweis, dass extrem verschieden lernende Menschen gemeinsam lernen und dabei große individuelle Leistungssteigerungen erzielen können.

Prengel sucht nach strukturellen Gemeinsamkeiten der drei neuen pädagogischen Bewegungen. Die erste gemeinsame Erfahrung ist die des Ausschlusses und des gemeinsamen Verlangens nach Teilhabe an Bildung (ebd., 171). Ausschlüsse aus Bildung sieht sie als Folge aus Höher- oder Minderwertigkeitsvorstellungen, also als Folge von Hierarchievorstellungen. Für Frauen, behinderte Menschen und Minderheitskulturen wurden Sonder-Pädagogiken konzipiert, die einhergingen mit einem bürgerlichen Frauenbild, mit der Vorstellung der Andersartigkeit von behinderten Menschen und der besonderen Bildungserfordernisse von ausländischen Kindern. In den drei beschriebenen neuen pädagogischen Bewegungen sieht sie Kritik an besonderen Menschenbildern und besonderen Formen der Beschulung. Gleichzeitig sieht sie aber auch die Kritik an Bildungsmodellen, die lediglich die Assimilation der Zuwanderer*innen an eine aufnehmende Mehrheitskultur im Blick haben, die Anpassung von Frauen an vorgegebene Rollenbilder und die Anpassung behinderter Kinder an die Leistungsnormen des Durchschnitts der Schüler*innen. Differenz kann zu einer Inferiorisierung oder auch Abwertung führen. Inhaltliche Beschreibungen von Differenz seien nur annäherungsweise möglich. Differente Lebensweisen beeinflussen sich gegenseitig.

Merkmal eines demokratischen Differenzbegriffs ist für Prengel (ebd., 181 ff) das Eintreten gegen Hierarchien und die Offenheit für Unvorhersehbares. Differenzen werden als sozio-kulturell bedingt betrachtet und werden nur begreifbar als historisch gewordene. Damit wendet sich Prengel gegen biologistisches Denken, wie sie es nennt. Aus der historischen Sichtweise resultiert für sie, dass differente Lebensweisen immer neu entdeckt und zur Sprache gebracht werden müssen. Für sie haben unterschiedliche Lebensformen ein gleiches Existenzrecht, und Vielfalt sieht sie der Vision der Gerechtigkeit verpflichtet. Prengels Entwurf hat in den 1990er Jahren bildungswissenschaftliche Positionen vorbereitet, die gegenwärtig um die Konzepte der Intersektionalität als weiteren sozialwissenschaftlichen Zugang und um Inklusion als gesellschaftliches Leitbild ergänzt werden.

1.3 Intersektionalität

Die Benennung von Differenzlinien in Verbindung mit der bildungspolitischen Zielsetzung der Inklusion führt zwangsläufig zu der Frage,

1.3 Intersektionalität

welche Differenzen gleichzeitig auftreten und welche Folgen dies für die betroffenen Gruppen und Individuen hat. Leiprecht und Lutz (2011) nennen gesellschaftliche Differenzlinien, die zu Über- und Unterordnungen, Bevorzugungen und Benachteiligungen führen können. Genannt werden Geschlecht, sexuelle Orientierung, Hautfarbe, Ethnizität, Staat, Sozialstatus, Religion, Sprache, Kultur, Behinderung, Alter, Herkunft, Besitz und gesellschaftlicher Entwicklungsstand. Wenn einzelne Begriffswahlen auch anders getroffen werden können und vermutlich weitere Differenzlinien zu finden sind, so trifft ein Gedanke vermutlich auf breiten Konsens: Differenzlinien können dazu führen, dass Menschen entweder einer gesellschaftlich dominanten Gruppe angehören oder einer Gruppe, die dominiert wird. Welche Machtverhältnisse sich daraus ergeben sowie wie und durch welche Mechanismen diese Gruppen hegemonial ineinander und gegeneinander wirken, ist mitunter zentraler Gegenstand der (wissenschaftlichen) Inklusiven Pädagogik.

Bezüglich Marginalisierungsprozessen wird sich dieses Buch auf sechs Differenzlinien konzentrieren: soziale Ungleichheit, Geschlecht, Migration (einschließlich forced migration und Flucht), sprachliche Diversität, Behinderung und (Hoch-)Begabung. Es gibt sehr viel mehr, aber dies scheinen die relevantesten für die Schulsysteme in mittel- und westeuropäischen Ländern zu sein.

Von feministisch ausgerichteten Sozialwissenschafterinnen wurde schon früh entdeckt, dass das Zusammenkommen mehrerer Differenzen, von denen jede für sich alleine bereits zu Benachteiligungen führt, eine andere Qualität darstellt. Eine Frau der gesellschaftlichen Oberschicht kann aufgrund ihres Geschlechts – z. B. bei der Besetzung von Aufsichtsratsposten in der Wirtschaft – benachteiligt werden. Kommen mehrere potentiell benachteiligende Differenzlinien zusammen – z. B., dass die Frau in Armut lebt und gleichzeitig noch eine schwarze Hautfarbe hat –, führt dies zu einer ganz anderen Form von Marginalisierung. Gayatri Spivak, prominente Wissenschafterin der Postcolonial Studies, findet dafür folgende Worte: »Es ist klar, dass arm, schwarz und weiblich sein heißt: es dreifach abbekommen« (Spivak 2008, 74). Mehrfache Unterdrückung bzw.

Unterdrückung auf der Basis mehrerer unterschiedlicher zugeschriebener Merkmale ist nicht nur eine Addition von Faktoren, sondern erreicht eine völlig neue Qualität.

Das Phänomen, dass Differenzen in mehreren Sektionen vorzufinden sind und zusammenwirken, wird seit einigen Jahren mit dem Begriff der Intersektionalität bezeichnet. Erstmals wurde der Begriff von der amerikanischen Juristin Kimberley Crenshaw in die Diskussion eingebracht. Sie zeigte am Beispiel eines amerikanischen Automobilkonzerns, der vorgab, Diversity zu fördern und schwarze wie weiße Menschen, Männer wie Frauen beschäftigte, dass Kombinationen von Merkmalen neue Hierarchien schaffen, bei denen schwarze Frauen im besonderen Maße Diskriminierungen erfuhren (Krüger-Potratz 2011, 192). Dem Begriff der Intersektionalität liegt der amerikanische Begriff »intersection« zugrunde: Er bedeutet Durchdringung, Schnittfläche, Überschneidung – aber auch Straßenkreuzung als Metapher, welche symbolisiert, dass sich dort Wege treffen.

Obwohl das Konzept der Intersektionalität in der feministischen Sozialwissenschaft entstanden und dort immer noch am stärksten vertreten ist, wird diese Sichtweise mittlerweile fachgebietsübergreifend und auf ganz unterschiedliche Differenzlinien bezogen angewandt. Der Begriff Intersektionalität trägt auch dem Umstand Rechnung, dass es oft wenig Sinn macht, nur auf eine der Differenzlinien zu fokussieren, die in konkreten Fällen Bedeutung hat. Ein Kind mit einer Behinderung zum Beispiel könnte ausschließlich unter diesem Aspekt betrachtet werden. Das war in vergangenen Jahren in der Sonderpädagogik nicht selten der Fall. Da es vielleicht noch einen Migrationshintergrund hat, die Sprache des aufnehmenden Landes nicht spricht, mit der Kultur nicht vertraut ist, die Familie ums wirtschaftliche Überleben kämpfen muss sowie der Aufenthaltsstatus im Gastland nicht gesichert ist, hat man es mit einer Kombination marginalisierender Lebenslagen zu tun. Es mag schwer sein zu sagen, welches hier das dominierende Lebenserschwernis darstellt, doch es stellt sich die Frage, ob es überhaupt Sinn macht, angesichts der Vielzahl von erschwerenden Lebenslagen nach der wichtigsten zu fragen. Um dem Einzelfall gerecht zu werden, müssen i.S. einer intersektionalen Sicht wohl alle Aspekte in ihrem Zusammenwirken betrachtet werden.

Intersektionalität ist in den Sozialwissenschaften ein eher erst seit kurzem verwendeter Begriff: dieser wird erst seit dem Beginn der 2000er Jahre im deutschsprachigen Raum verwendet. Walgenbach (2017, 54 f) sieht die Bestimmung von Intersektionalität in der Bildungs- und Erziehungswissenschaft als einen gegenwärtig noch laufenden Prozess. Doch was macht die wesentlichen Inhalte des Konzepts der Intersektionalität aus? Walgenbach betont, dass Macht und Herrschaftsverhältnisse, Subjektivierungsprozesse und soziale Ungleichheiten nicht isoliert voneinander betrachtet werden können, sondern in ihren Verwobenheiten und Überkreuzungen betrachtet werden müssen (ebd., 55). Daher gehe es nicht um die Berücksichtigung mehrerer sozialer Kategorien, sondern um die Analyse ihrer Wechselwirkungen. Allerdings könne Intersektionalität diesbezüglich keinen Alleinvertretungsanspruch proklamieren, da es auch weitere Theorien gibt, die darauf fokussieren. Eine Stärke der Intersektionalitätsforschung sei die Offenheit gegenüber unterschiedlichen methodischen Zugängen, wenngleich soziale Ungleichheiten und Machtverhältnisse im Mittelpunkt des Diskursfeldes stünden.

Ethnizität, soziale Herkunft und Geschlecht (»race, class and gender«) sind die in Forschungsarbeiten am häufigsten genannten Dimensionen der Intersektionalitätsforschung. Aber auch weitere Dimensionen, wie Alter und Behinderung, sind nicht zu vernachlässigen.

1.4 Inklusion als Leitbegriff für die Entwicklung von Bildungssystemen

Gegenwärtig ist ›inclusion‹ als Leitbegriff in internationalen Organisationen wie auch in Beschreibungen der Bildungssysteme einzelner Länder weltweit im Gebrauch. Er löst mittlerweile häufig den Begriff der Integration ab, der lange Zeit für die Gemeinsamkeit von Kindern mit und ohne Behinderung gestanden war. Hinter einem gemeinsamen Begriff verbergen sich allerdings unterschiedliche inhaltliche Vorstellungen. Die konzeptionellen Unterschiede, die den Begriffswechsel von Integration zu Inklusion begleiten, sind nicht immer transparent.

Als Gegensatzbegriff zu Exklusion ist Inklusion in soziologischen Diskussionen bereits seit Jahrzehnten präsent. Der bildungswissenschaftliche Begriff Inklusion ist jüngeren Datums und wurde vom englischen ›inclusion‹ (= Einbeziehung) abgeleitet. Während die Begriffsentstehung in US-amerikanischen Diskussionen zur schulischen Bildung von Kindern mit Behinderungen Ende der 1980er Jahre angesiedelt werden kann, spielten für die rasche weltweite Verbreitung internationale Organisationen und insbesondere die UNESCO eine entscheidende Rolle. Mit der Erklärung von Salamanca trat der Begriff 1994 erstmals in prominentem globalen Rahmen in Erscheinung (UNESCO 1994). Er zielte damals auf Kinder mit ›special educational needs‹, die formale Bildung in derjenigen Schule erfahren sollten, der sie aufgrund von Alter und Wohnort zugeordnet sind. Während zum damaligen Zeitpunkt in erster Linie Kinder mit Behinderungen im Blick waren, erweiterte die UNESCO die Zielgruppe von Inklusion in den darauf folgenden Jahren auf alle Gruppen, die von Ausschlüssen und Marginalisierungen bedroht waren (UNESCO 2005; UNESCO 2009), und proklamierte Inklusion gleichzeitig auch als zentrales Konzept der Entwicklung des gesamten Schulwesens.

Inklusive Pädagogik kann sich auf pädagogisches Handeln beziehen, aber auch auf einen Theoriebestand, nämlich »Theorien zur Bildung, Erziehung und Entwicklung, die Etikettierungen und Klassifizierungen ablehnen, ihren Ausgang von den Rechten vulnerabler und marginalisierter Menschen nehmen, für deren Partizipation in allen Lebensbereichen plädieren und auf eine strukturelle Veränderung der regulären Institutionen zielen, um der Verschiedenheit der Voraussetzungen und Bedürfnisse aller Nutzer/innen gerecht zu werden« (Biewer 2017, 204).

1.4 Inklusion als Leitbegriff für die Entwicklung von Bildungssystemen

Inklusive Pädagogik versteht sich dezidiert als menschenrechtsbasierte Pädagogik (▶ Kap. 2), die sich nicht nur auf den schulischen Bereich bezieht. Die Begründung pädagogischen Handelns auf der Grundlage der Menschenrechte und die damit vorgenommene normative Festlegung wird nicht von allen Vertreter*innen der Bildungs- und Erziehungswissenschaft geteilt.

Bei der Verwendung des Inklusionsbegriffs in Bildungskontexten haben wir es immer mit mindestens zwei unterschiedlich weiten Begriffsfassungen zu tun, die unterschiedlichen Phasen der Konzeptentwicklung zugeordnet werden können. Wir können hier auch von einem *engen* und einem *weiten* Inklusionsbegriff sprechen (Biewer & Schütz 2016). Der enge Inklusionsbegriff bezieht sich auf Kinder mit ›special educational needs‹ bzw. Behinderungen und ist mit dem inhaltlichen Zugang der 1990er Jahre verknüpft. Spätestens ab etwa dem Jahr 2000 haben wir es auch international mit einer breiteren Fassung der Bezugsgruppe zu tun, die neben Kindern mit Behinderungen alle weiteren Gruppen umfasst, die von Ausschluss und Marginalisierung bedroht sind (▶ Abb. 1.1).

---

missbrauchte Kinder

arbeitende Kinder

geflüchtete und entwurzelte Kinder

Migrant*innen

religiöse Minderheiten

von Armut betroffene Kinder, Mädchen,
Frauen

ETHNISCHE MINDERHEITEN sprachliche Minderheiten

Kinder in Konfliktzonen   Straßenkinder

Kindersoldat*innen

indigene Gruppen

Kinder mit Behinderungen   **FRAUEN**

Abb. 1.1: Gruppen, die im Bildungsbereich ausgeschlossen und marginalisiert sein können (erstellt in Anlehnung an: UNESCO 2009, 7)

Spätestens mit der Incheon-Erklärung des Jahres 2015 wurde Inklusion zum zentralen und globalen Leitprinzip der Bildungsentwicklung (UNESCO 2015). Wie kam es dazu und worin besteht die Entwicklungsperspektive für die Zukunft? Am 25. September 2015 beschlossen die Vereinten Nationen auf ihrer Generalversammlung die Agenda 2030 für nachhaltige Entwicklung. Es handelt sich um einen Katalog an Forderungen zu 17 Themenbereichen, den die Weltgemeinschaft bis 2030 umsetzen soll. Zu jedem dieser Themen ist ein zentrales Ziel für nachhaltige Entwicklung (›sustainable development goal‹, abgekürzt SDG) formuliert, das über mehrere Teilziele präzisiert wird. Dabei handelt es sich um Armut (SDG 1), Hunger (SDG 2), Gesundheit (SDG 3), Bildung (SDG 4), Geschlechtergleichstellung (SDG 5), Wasser und Sanitärversorgung (SDG 6), Energie (SDG 7), Wirtschaftswachstum (SDG 8), Infrastruktur (SDG 9), Ungleichheit (SDG 10), Städte und Siedlungen (SDG 11), Konsum- und Produktionsmuster (SDG 12), Bekämpfung des Klimawandels (SDG 13), Ozeane und Meere (SDG 14), Landökosysteme (SDG 15), friedliche und inklusive Gesellschaften (SDG 16) und globale Partnerschaften (SDG 17). Für den Bereich der Bildung stellt sich die Präzisierung in Teilziele unter Ziel 4 wie in Tab. 1.1 dar.

Inklusion und Chancengerechtigkeit stehen für rund 15 Jahre im Mittelpunkt eines globalen Bildungsplanes im Rahmen der Agenda 2030 der Vereinten Nationen. Es handelt sich hier um bildungspolitische Zielsetzungen, an denen sich die Weltgemeinschaft orientieren soll und an denen die Entwicklungsfortschritte der Länder für die nachfolgenden Jahre gemessen werden können. Für die Lehrer*innengeneration, die gegenwärtig ausgebildet wird, haben Inklusion und Chancengerechtigkeit daher eine übergeordnete Bedeutung.

Bei der Betrachtung der Teilziele von SDG 4 fällt die starke Verwobenheit mit vielen der übrigen Themenbereiche der Agenda 2030 auf, wie z. B. Bekämpfung von Armut (SDG 1) und Hunger (SDG 2), Geschlechtergleichstellung (SDG 5), Reduzierung von Ungleichheit (SDG 10), Bekämpfung des Klimawandels (SDG 13), Errichtung friedlicher und inklusiver Gesellschaften (SDG 16), aber auch die Entwicklung globaler Partner*innenschaften (SDG 17).

1.4 Inklusion als Leitbegriff für die Entwicklung von Bildungssystemen

Tab. 1.1: SDG 4 mit seinen 7 Teilzielen, erstellt anhand der akkordierten Übersetzung der Incheon-Deklaration durch die UNESCO-Kommissionen Deutschlands, Österreichs und der Schweiz (Deutsche UNESCO-Kommission 2017)

SDG 4 (Hochwertige Bildung)
Bis 2030 für alle Menschen inklusive, chancengerechte und hochwertige Bildung sicherstellen sowie Möglichkeiten zum lebenslangen Lernen fördern.
Unterziele
4.1 Bis 2030 allen Mädchen und Jungen den Abschluss einer kostenlosen, chancengerechten und hochwertigen Primar- und Sekundarschulbildung ermöglichen, die zu relevanten und effektiven Lernergebnissen führt.
4.2 Bis 2030 allen Mädchen und Jungen den Zugang zu hochwertiger frühkindlicher Bildung, Betreuung und Erziehung sichern, die ihnen einen erfolgreichen Übergang in die Schule ermöglichen.
4.3 Bis 2030 allen Frauen und Männern einen gleichberechtigten und bezahlbaren Zugang zu hochwertiger beruflicher und akademischer Bildung ermöglichen.
4.4 Bis 2030 sicherstellen, dass eine deutlich höhere Anzahl an Jugendlichen und Erwachsenen die für eine Beschäftigung oder Selbstständigkeit relevanten Kenntnisse, Fähigkeiten und Fertigkeiten erwirbt.
4.5 Bis 2030 Benachteiligungen aufgrund der Geschlechtszugehörigkeit auf allen Bildungsstufen beseitigen und allen Menschen gleichberechtigten Zugang zu allen Bildungsstufen sichern, einschließlich Menschen mit Behinderung, indigenen Völkern und benachteiligten Kindern.
4.6 Bis 2030 den Erwerb ausreichender Lese-, Schreib- und Rechenfähigkeiten für alle Jugendlichen und für einen erheblichen Anteil der Erwachsenen sicherstellen.
4.7 Bis 2030 sicherstellen, dass alle Lernenden die für nachhaltige Entwicklung notwendigen Kenntnisse und Fähigkeiten erwerben, u. a. durch Bildung für nachhaltige Entwicklung, für nachhaltige Lebensweise, für Menschenrechte, für Gleichberechtigung der Geschlechter, durch Förderung einer Kultur des Friedens und der Gewaltfreiheit, durch Global Citizenship Education und Wertschätzung kultureller Vielfalt und durch den Beitrag der Kultur zu nachhaltiger Entwicklung.

Für jedes der deutschsprachigen Länder ergibt sich aus den Teilzielen 4.1 bis 4.6 ein Handlungsbedarf. In ganz besonderem Maße sind aber die Lehrkräfte, und hier insbesondere die der Sekundarstufe, mit Teilziel 4.7 angesprochen. Hier geht es um die Bildung der heranwachsenden Generation für eine nachhaltige Entwicklung, die ermöglichen soll, dass die 17 Ziele der Agenda 2030 umgesetzt werden.

Das Konzept der hier proklamierten Global Citizenship Education geht weit über das Fach Politische Bildung hinaus (Wintersteiner et al 2014). Es ist vielmehr ein Ansatz, der sich in der Vermittlung fachlicher Inhalte wie auch in der gesamten pädagogischen Arbeit mit Kindern, Jugendlichen und Erwachsenen niederschlagen soll. Die zentralen Themen sind Bildung für nachhaltige Entwicklung, Menschenrechte, Gleichberechtigung der Geschlechter, Förderung einer Kultur des Friedens und der Gewaltfreiheit und die Wertschätzung kultureller Vielfalt.

Weiterführende Literatur und Links

Bohl, T., Budde, J., & Rieger-Ladich, M. (Hrsg.). (2017). Umgang mit Heterogenität in Schule und Unterricht. Grundlagentheoretische Beiträge, empirische Befunde und didaktische Reflexionen. Bad Heilbrunn: Klinkhardt (UTB).
Deutsche UNESCO-Kommission – Infos zu SDG 4: www.unesco.de/bildung.html

2

Menschenrechtliche Grundlagen Inklusiver Bildung

> **Worum es geht ...**
> Inklusive Bildung ist eng mit den Menschenrechten, einer menschenrechtlichen Grundlegung von Bildungsprozessen und der Frage nach Bildungsgerechtigkeit verbunden. Das Kapitel gibt einen Überblick insbesondere über die Rechte von Kindern, aber auch von Menschen, deren Bildungsoptionen infolge eines Fluchthintergrundes, einer Behinderung, des Geschlechts oder der Zugehörigkeit zu einer ethnischen Minderheit gefährdet sind. Dabei wird ein besonderer Fokus auf die Bedeutung völkerrecht-

> lich verbindlicher internationaler Konventionen und Deklarationen für Bildungsprozesse gelegt.

2.1 Theorien der Bildungsgerechtigkeit

Bei den in den Blick genommenen Differenzlinien, die sich auf Bildungssysteme beziehen, spielen Fragen der Gerechtigkeit, das Ende der Benachteiligung von Frauen bzw. Mädchen und die Gleichstellung der Geschlechter, die Rechte behinderter Menschen, die Bekämpfung von Armut und das Eintreten für kulturell und sprachlich benachteiligte Minderheiten eine wichtige Rolle. Dies sind allesamt Themen von globaler Bedeutung.

Trotz ihrer Realitätsferne ist die folgende Frage es wert, gestellt zu werden: Was würde passieren, wenn heute eine Insel irgendwo in den Weiten des Stillen Ozeans neu entdeckt würde, auf der Menschen leben, die bislang mit dem Rest der Welt noch nicht in Verbindung standen? Vermutlich würden Institutionen entstehen, wie wir sie sonst überall auf der Welt haben. Sicherlich würden Schulen dazu gehören. Es gäbe bald wohl auch ein kodifiziertes Recht, das Eigentumsverhältnisse und Umgangsformen zwischen den Menschen regelt. Bestimmt wären irgendwann einmal internationale Konventionen gültig, auch solche, die die Gleichstellung der Frau propagieren, für den Schutz und Stärkung von Kinderrechten oder auch der Rechte der indigenen Bevölkerung eintreten. Es würden vermutlich auch internationale Erklärungen propagiert, die für Innovationen in Bildungssystemen eintreten.

Diese Sichtweise wird im Buch von John W. Meyer dargestellt, das den Titel trägt: »Weltkultur. Wie die westlichen Prinzipien die Welt durchdringen« (Meyer 2005). Meyer verwendet den Begriff der Weltkultur oder den schwer übersetzbaren Begriff ›world polity‹ für die mittlerweile weltweit geteilten Vorstellungen über die Beschaffenheit von Gesellschaften und Institutionen und die darin geltenden Leitkonzepte und Sichtweisen. Die sozialwissenschaftliche Richtung, die er vertritt, wird auch als Neo-Institutionalismus bezeichnet. Meyer versteht ›world polity‹ als »eine breite kulturelle Ordnung, die explizite Ursprünge in der westlichen Gesellschaft hat« (ebd.). Diese ›Weltkultur‹ schafft ihre Akteur*innen insbesondere in Gestalt transnationaler Organisationen, aber auch global vernetzter Nichtregierungsorganisationen. Der globale Schutz der Umwelt, aber auch Fragen der Beschaffenheit von Bildungssystemen spielen hier seit einigen Jahren eine prominente Rolle.

Auch der Gerechtigkeitsdiskurs ist im internationalen Austausch verortet. Die westliche und letztlich weltweit geteilte Vorstellung von Gesellschaft wird von Meyer sogar als ein Projekt zur Herstellung von Fortschritt und Gerechtigkeit gesehen. Doch was ist Gerechtigkeit? Meyer, Boli und Thomas schreiben: »Gerechtigkeit ist eine kulturell konstituierte Perspektive auf die individuellen Teilnahmechancen in der Gesellschaft (Arbeit, Wahlen, Konsum von Populärkultur) und auf die Verteilung geschätzter natürlicher Güter (Einkommen, Lebensstandard, Besitz von Dingen)« (Meyer 2005, 43). Wir stellen fest: Es geht hier wesentlich um Teilhabe und Ressourcen – zwei Aspekte, die das Bildungssystem besonders tangieren. Auch im Bildungssystem geht es um die Frage: Wer darf wo mitwirken und welche Ressourcen werden der jeweiligen Person dazu zur Verfügung gestellt?

Für die Beschaffenheit von Staaten und unseres Rechtssystems – und damit eng verbunden die Frage nach Teilhabe und Ressourcen – spielen philosophische Gedankengebäude der Aufklärung eine grundlegende Rolle. Hierzu gehören z. B. die ab dem Ende des 17. Jahrhunderts entstandenen Vertragstheorien und hier insbesondere die philosophischen Ansätze von John Locke, Jean-Jacques Rousseau und Immanuel Kant. Wichtige aktuelle Vertreter*innen, die darauf aufbauen, sind John Rawls, Amartya Sen und Martha Nussbaum. Deren Ansätze können unter dem Aspekt betrachtet werden, was sie zu Fragen der Bildungsgerechtigkeit beizutragen haben.

Für Rawls (1998, 81) sind Gleichheit und Differenz die beiden grundlegenden Prinzipien, an denen entlang er seine Gerechtigkeitstheorie entwickelt. Die Realisierung von Gerechtigkeit ist für Rawls sehr eng mit der Beschaffenheit von Institutionen verbunden. Für Rawls ist Gerechtigkeit »die erste Tugend sozialer Institutionen, so wie die Wahrheit bei Gedankensystemen« (ebd., 19). Gerechtigkeit ist für ihn vor allem auch soziale Gerechtigkeit. Damit meint er »die Art, wie die wichtigsten gesellschaftlichen Institutionen Grundrechte und -pflichten und die Früchte der gesellschaftlichen Zusammenarbeit verteilen« (ebd., 23). Seine Vorstellung von Gerechtigkeit bezeichnet er auch als Fairness. Dabei geht er aus von einem fiktiven Urzustand – ähnlich dem eingangs erwähnten Beispiel der unentdeckten Insel –, bei dem Verfahrensregeln über den Umgang zwischen den Menschen aus rationalen Überlegungen resultieren (ebd., 28). Damit kommt er auch zu einer Einstufung der Rolle, die die schwächsten Glieder in dieser Gesellschaft haben und stellt sich die Frage, wie mit ihnen zu verfahren sei. So behauptet er, dass für Menschen im Urzustand soziale und wirtschaftliche Ungleichheiten nur dann gerecht seien, wenn sich aus ihnen Vorteile insbesondere für die schwächsten Mitglieder der Gesellschaft ergeben (ebd., 32 f). Institutionen seien »dann gerecht, wenn sie zur Verbesserung der Aussichten der am wenigsten begünstigten Mitglieder der Gesellschaft beitragen« (ebd., 96).

Dies führt in der Konsequenz bei Rawls auch zu einem Benachteiligungsausgleich für die weniger Begünstigten: Da Ungleichheiten der Geburt und natürliche Gaben unverdient seien, müssten sie ausgeglichen werden (ebd., 121). Daher folgert er, dass die Gesellschaft sich mehr um diejenigen kümmern müsse, »die mit weniger natürlichen Gaben oder in weniger günstige gesellschaftliche Positionen geboren werden« (ebd.). An anderer Stelle betont Rawls auch den Wert der Bildung zur Erschließung der kulturellen Werte der Gesellschaft, auch hier unter Betonung der Perspektiven für die weniger begünstigten Gesellschaftsmitglieder. Für eine ethische Fundierung pädagogischen Handelns auf sozialphilosophischer Grundlage bietet John Rawls' Theorie der Gerechtigkeit einen interessanten, aber einstweilen eher wenig gewählten Zugang.

Amartya Sen, Professor an der Harvard Universität, steht an der Schnittstelle von Wirtschaftswissenschaften und Philosophie. Sein

Fachgebiet ist die Wirtschaftswissenschaft, aber mit einem starken Fokus auf Fragen gesellschaftlicher Ungleichheit – insbesondere der Entstehung und Bekämpfung von Armut und eng damit zusammenhängenden Fragen. Im Jahre 1998 hat er den Nobelpreis für Wirtschaftswissenschaften mit seinen bahnbrechenden Arbeiten über ökonomische Aspekte von Hungersnöten erhalten.

Sens Buch »Development as Freedom« handelt von Hungersnöten und deren Ursachen, von Armut und den Möglichkeiten ihrer Bekämpfung, von Kultur und Menschenrechten, insbesondere auch von den Rechten der Frauen, von Freiheit und Gerechtigkeit (Sen 1999). Auch wenn das Buch auf den ersten Blick von sehr unterschiedlichen Dingen handelt, so erschließt sich bei der Lektüre doch bald eine einheitliche Erzählung. Freiheit und Demokratie, Rechte von Minderheiten und benachteiligten Personen und Personengruppe hängen äußerst eng zusammen.

Sen (1999) weist in seinem Buch überzeugend nach, dass die Entwicklung des Bruttosozialprodukts eines Landes keinen Beitrag zur Lösung sozialer Probleme darstellt, wenn Fragen der Verteilungsgerechtigkeit nicht thematisiert werden. Am Beispiel verschiedener Hungersnöte weist er nach, dass deren Ursachen nicht im Ausfall einer Ernte – etwa durch fehlenden Regen oder durch fehlende Produktion von Nahrungsmitteln – lagen, wie dies häufig unterstellt wird. Reiche Länder wie die Golfstaaten müssten sonst Hungerregionen sein, denn dort wächst nichts bzw. nur sehr wenig. Sen legt dar, dass mit Arbeitsbeschaffungsprogrammen solche Phasen überbrückt werden konnten, ohne dass die bisherigen wirtschaftlichen Strukturen zusammengebrochen wären, wie es bei groß angelegten Nahrungsmittelhilfen nicht selten der Fall war (ebd., 167–188).

Sein eigener biographischer Hintergrund als Inder spiegelt sich immer wieder im Buch wider, wenn er einzelne indische Bundesstaaten miteinander vergleicht. Häufig führt er Kerala an, das seit Jahrzehnten in der Indischen Union insofern eine Sonderstellung hat, als verschiedene soziale Probleme dort nicht in dem Maße existieren wie im Rest des Landes. Bereits in den 1950er Jahren hat Kerala eine Landreform durchgeführt – mit der Folge, dass dies nicht unbedingt zu besonderer Prosperität führte, allerdings materielle Not (etwa, dass ganze Gruppen der Gesellschaft, wie in anderen indischen Bundesstaaten, unter extremer Unterernährung leiden müssten) dort nicht vorkommt. Kerala hat demgegenüber eine geringe Kindersterblichkeit und eine hohe Lebenserwartung der Bevölkerung. Darüber hinaus wurde in Kerala seit den 1950er Jahren viel Wert auf den Ausbau des Bildungswesens und die Durchsetzung der Schulpflicht, auch für Mädchen, gelegt. Die Folge ist, dass es kaum Analphabet*innen und nur ein geringes Bevölkerungswachstum gibt. Als Folge des hohen Bildungsstandes der weiblichen Bevölkerung geht die Zahl der Geburten deutlich zurück. Den hier entdeckten Zusammenhang kann Sen für weitere Länder nachweisen. Wo Frauen umfassend in Bildungsprozesse einbezogen sind, gibt es weder unkontrolliertes Bevölkerungswachstum noch extreme Armut. Für Amartya Sen liegt einer der Schlüssel zur Lösung der Probleme wenig entwickelter Länder in der Implementierung und dem Ausbau umfassender und nachhaltiger Bildungssysteme – und hier insbesondere in der Beteiligung von Frauen an Bildung (ebd., 221 ff).

Im Jahre 2009 erschien erstmals das Werk »Die Idee der Gerechtigkeit« von Amartya Sen, in dem er seine ansonsten eher verstreut geäußerten Ideen zum Phänomen der Gerechtigkeit in eine systematische Form bringt. Das Buch ist eine intensive Auseinandersetzung mit John Rawls, gleichzeitig aber auch Kritik und Weiterentwicklung von Rawls' Ideen. Er teilt mit ihm den Zugang zur Philosophie über die Ideen des Liberalismus, aber er entdeckt im Werk von Rawls die Vernachlässigung gesamtgesellschaftlicher Perspektiven. Rawls' Gerechtigkeitstheorie sieht er ausschließlich in einem individualtheoretischen Denken verwurzelt, das die gesellschaftlich tradierten unterschiedlichen Startchancen nicht in den Blick nimmt. Ein weiterer wichtiger Unterschied besteht darin, dass Rawls in der Logik eines einzelnen Staates denkt, für Sen hingegen jedoch die ländervergleichende Dimension zentral ist.

Sens Zugang wird auch als Capability Approach (CA) bezeichnet. Er hat seine Ideen bereits 1992 in seinem eher wirtschaftsphilosophisch orientierten Buch »Inequality Reexamined« entwickelt. Dieses letztgenannte Buch führt einige auch im Bereich der Bildungs- und Erziehungswissenschaft weiterführende Begriffe und Argumentationsmuster ein. Allen voran ist hier das Begriffspaar ›functionings‹ und ›capability‹ anzuführen, womit zwei grundlegende Aspekte des Theoriegerüsts benannt werden. ›Functionings‹ bezieht sich auf Zustände (›beings‹) und Tätigkeiten (›doings‹), die mit dem Wohlbefinden des Menschen verbunden sind. Dazu können ausreichende Ernährung, gute Gesundheit oder die Teilhabe am Leben der Gemeinschaft gehören (ebd., 39). Die Liste konkreter ›functionings‹ und ›beings‹ ist nach Sens' Vorstellungen nicht statisch, sondern abhängig von einem gesellschaftlichen Aushandlungsprozess. Auch Erziehung und Bildung können zu den ›functionings‹ gerechnet werden. ›Functionings‹ können sich aber auch auf die Funktionsfähigkeit des menschlichen Körpers beziehen. Die britische Erziehungsphilosophin Lorella Terzi (2010, 91) nennt das Gehen (›walking‹) als Beispiel für ›functioning‹ im CA, aber auch Tätigkeiten wie Kinder zur Schule zu bringen, zur Arbeit zu gehen oder als Politiker*in aktiv zu sein.

›Capability‹ wird verstanden als Zusammenstellung von Wahlmöglichkeiten angesichts vorhandener Zustände (›beings‹) und Tätigkeiten (›doings‹). Dieser Begriff beschreibt auch die Freiheit des Menschen, sich für die eine oder die andere Form des Lebens zu entscheiden (Sen 1992, 40). Der Begriff ›capability‹ im Sinne von Sen ist nicht leicht ins Deutsche zu übertragen. In Wörterbüchern finden sich Übersetzungen für ›capability‹ wie z. B. Fähigkeit, Kompetenz oder Potential. In neueren Übersetzungen ist zunehmend der Begriff ›Verwirklichungschancen‹ für ›capability‹ in Gebrauch. Für sich alleine trifft keiner dieser genannten Begriffe exakt das von Sen eingeführte Konzept ›capability‹. ›Wahlfähigkeit‹ oder ›Auswahlbefähigung‹ entspricht dabei vielleicht noch am ehesten den von Sen intendierten Inhalten.

Auch wenn sich das Begriffspaar ›functioning‹ und ›capability‹ auf dieselben Gegenstandsbereiche bezieht, so ermöglicht es doch eine zentrale Unterscheidung, die Sen mit dem Unterschied zwischen ›Hungern‹ und ›Fasten‹ zur Bezeichnung derselben physiologischen Vorgänge beschreibt: Wer fastet, tut dies aus freier Entscheidung; die Person hätte auch die Option, etwas zu essen. Bei einem hungernden

Menschen ist das nicht der Fall – er kann nicht essen, auch wenn er es gerne möchte.

Der Zugang des CA lässt sich auf eine Fülle von Fragestellungen im Bildungsbereich übertragen. So kann der Besuch einer Schule am Wohnort bei einem Kind mit Hörschädigung sehr unterschiedlich interpretiert werden. Es handelt sich um einen Lernzusammenhang in einer Institution (›functioning‹), der aber unter dem Capability-Aspekt sehr unterschiedliche Deutungen erfahren kann. Der Schulbesuch kann die Folge des Umstandes sein, dass keine geeignete Sondereinrichtung, also eine Gehörlosenschule, für das Kind in der Umgebung zur Verfügung steht und die Eltern nicht die Möglichkeit haben, sich für eine Schule mit hoch spezialisiertem Fachangebot zu entscheiden. Es ist aber auch denkbar, dass sie sich bewusst für die Regelschule entschieden haben, obwohl eine bestens ausgestattete Sondereinrichtung als Alternative bereitgestanden hätte, weil sie den integrativen Bildungsweg für ihr Kind wünschen. Diese Freiheit zu wählen, ist für Sen ein Ausdruck von Wohlbefinden und Lebensqualität.

In die Entwicklung des CA einbezogen war die Philosophin Martha Nussbaum. Mit John Rawls und Amartya Sen teilt sie ihre Verwurzelung im Liberalismus. Nussbaum hat mit ihrem erstmals 2006 erschienenen Buch »Frontiers of Justice« sozialphilosophische Aspekte des CA herausgearbeitet und diesen Ansatz damit auch für eine Philosophie der Erziehung interessant werden lassen (Nussbaum 2007). Die Weiterentwicklung des CA und dessen Anwendung auf neue gesellschaftliche Fragen sind die großen Themen dieses Buches.

»Frontiers of Justice« hat Gerechtigkeitsfragen anhand von drei recht unterschiedlichen Themen entwickelt: Behinderung, Zugehörigkeit zu Nationen und Zugehörigkeit zu den Spezies Mensch und Tier. Es stellt sich die Frage, was das Verbindende zwischen diesen drei Themen ist: Anzuführen ist hier das hohe Maß an Asymmetrie, das extreme Machtgefälle zwischen behinderten und nichtbehinderten Menschen, zwischen reichen und armen Nationen sowie zwischen Menschen und Tieren. Alle drei Asymmetrien führen zu zahlreichen Folgephänomenen, die die Fragen der Menschenrechte und auch der Tierrechte berühren.

2.1 Theorien der Bildungsgerechtigkeit

Der von Amartya Sen und von Martha Nussbaum entwickelte CA stellt eine Verbindung ökonomischer und philosophischer Grundlegungen sozialpolitischen Handelns dar. Die Singular-Form Capability-Approach ist die ältere Version, die bereits mit den Schriften Sens in den 1990er Jahren entstanden ist. Von Martha Nussbaum wurde die Plural-Form ›Capabilities Approach‹ erst in den vergangenen Jahren eingebracht. Es handelt sich inhaltlich um denselben Ansatz, aber doch mit unterschiedlichen Nuancen: Sen zielt eher auf das allgemeine Ziel der Erreichung von Wahlfreiheit, während Nussbaum ein ganzes Bündel von konkreten Befähigungen auflistet. Dies sind im Einzelnen zehn Bereiche:

Tab. 2.1: Capabilities nach Martha Nussbaum (erstellt nach Nussbaum 2011, 33 f)

Central Capabilities nach Martha Nussbaum	
Leben	Menschen sollen eine normale Lebensspanne haben und nicht vorzeitig sterben.
Körperliche Gesundheit	Menschen sollen ein gesundes Leben führen können, angemessen ernährt sein und den notwendigen Schutz finden.
Körperliche Unversehrtheit	Menschen sollen die Möglichkeit haben, sich frei zu bewegen und vor Gewalt geschützt zu sein.
Sinneswahrnehmungen, Vorstellungen und Gedanken	Menschen soll angemessene Bildung zuteil werden und die Ausübung gewählter kultureller Tätigkeiten wie Religion, Literatur oder Musik zur Verfügung stehen
Gefühle	Menschen soll die Möglichkeit offenstehen, die emotionale Seite der Beziehungen zu anderen Menschen (wie Liebe und Pflege) auszuüben und positiv zu erfahren.
Handlungsbezogene Vernunft	Menschen sollen in der Lage sein, einen Lebensplan zu entwickeln und darüber kritisch zu reflektieren.
Zugehörigkeit	Menschen soll es möglich sein, mit Anderen in Würde und unter Vermeidung erniedrigender Erfahrungen zusammenzuleben sowie keine Diskriminierung wegen ethnischer Herkunft, Geschlecht, sexueller Orientierung, Religion oder Nationalität erfahren zu müssen.

Tab. 2.1: Capabilities nach Martha Nussbaum (erstellt nach Nussbaum 2011, 33 f)
– Fortsetzung

Central Capabilities nach Martha Nussbaum	
Zusammenleben mit anderen Lebewesen	Menschen sollen im Zusammenspiel mit der Natur, mit Pflanzen und mit Tieren leben können.
Spiel	Menschen sollen in der Lage sein zu lachen, zu spielen und sich zu erholen.
Kontrolle über die eigene Umgebung	Menschen sollen über politische Rechte sowie den Besitz von Eigentum (wie Land oder bewegliche Güter) verfügen können. Sie sollen Arbeit haben und dort Beziehungen entwickeln und Anerkennung erfahren.

Lorella Terzi (2010) hat den CA von Sen und Nussbaum für pädagogische Fragestellungen aufgearbeitet und betrachtet ihn aufgrund der Aufnahme von Aspekten der Gerechtigkeit und der Betonung des Gleichheitsgedankens in Bezug auf die Bildung von Kindern und Jugendlichen mit Behinderungen als einen vielversprechenden Rahmen.

Bildung wird häufig unter dem Aspekt des Erwerbs von Kompetenzen und damit einhergehend der Vorbereitung auf einen Beruf unter überwiegend ökonomischen Aspekten betrachtet. Dass Bildung einen Wert an sich darstellt, gerät dabei allzu leicht aus dem Blick. Nicht selten wird Bildung auch als Idealvorstellung eines ›Bildungsbürger*innentums‹ betrachtet. Bildung ist damit ein Luxus, den sich begüterte Menschen leisten können. Beide Sichtweisen entsprechen nicht der Perspektive des CA. Der CA ist aber insofern für die gegenwärtige Bildungsdebatte von Bedeutung, als auch bei ihm ökonomische Aspekte eine zentrale Rolle spielen, aber Ökonomie nur soweit ihren Stellenwert erhält, wie Fragen der Lebensqualität und der menschlichen Entwicklung berücksichtigt werden. In der Tradition von John Rawls verankert, werden im CA Bildungsprozesse aus der Perspektive benachteiligter Menschen in den Blick genommen.

2.1 Theorien der Bildungsgerechtigkeit

Als Grund für die Wahl des Capability-Begriffs durch Sen sieht Terzi die Absicht, sowohl das individuelle Wohlergehen wie auch die Gerechtigkeit von gesellschaftlichen und institutionellen Arrangements zu beurteilen (ebd., 149). Für eine Anwendung des CA im Bildungswesen steht das individuelle Wohlergehen im Mittelpunkt, aber auch die Absicherung gleicher Möglichkeiten und Chancen für den Erwerb von Funktionsfähigkeiten (›functionings‹) wie z. B. Lesen und Schreiben (ebd., 149 f).

Terzi sieht einen Gewinn in der Verwendung des Capability-Konzepts bei Bildungsfragen. Dabei fokussiert sie vor allem auf Behinderungen. Statt wie andere Zugänge individuelle und/oder soziale Faktoren zu sehen, werden menschliche Beziehungen in der Vielzahl ihrer Verflechtungen wahrgenommen. Es steht die handelnde Person im Mittelpunkt und es werden Potentiale und Grenzen von Wahlmöglichkeiten betont.

Ein starkes Beispiel für die Wirksamkeit des neuen Denkens findet sich in den Aktivitäten einer Unterorganisation der Vereinten Nationen, nämlich dem United Nations Development Programme. Der Human Development Index (HDI) des Entwicklungsprogramms der Vereinten Nationen geht z. T. auch auf die Arbeiten von Amartya Sen zurück. Der HDI bewertet den Stand der menschlichen Entwicklung in verschiedenen Ländern nach festgelegten Indikatoren. So wird die Entwicklung als »hoch«, »mittel« oder »niedrig« bewertet (UNDP 2016). In die Berechnung des HDI gehen Indikatoren aus den Bereichen Gesundheit, Bildung und Lebensqualität ein. Es ist wohl kaum verwunderlich, dass die deutschsprachigen Länder im oberen Bereich platziert sind (Schweiz Platz 2, Deutschland Platz 4, Österreich Platz 24) und sich die 19 letzten von 188 Ländern allesamt in Afrika befinden (UNDP 2016). Die Liste sagt damit viel über globale Lebensqualität aus.

Steckmann (2010, 90) schreibt, dass sozialphilosophische und ethische Fragestellungen innerhalb der Erziehungswissenschaft bislang vernachlässigt wurden. Der CA verfolge eine Ethik und Politik der Menschenrechte und sei in gegenwärtigen internationalen Diskussionen anschlussfähig (ebd., 98). Er liefere einen Blick auf das Vorliegen ressourcenabhängiger Möglichkeiten und Fähigkeiten als Beitrag zur Entwicklung individueller Freiheit. Wenn man an die ländervergleichenden Schul-Studien der OECD denkt, dann gäbe es sicher auch andere Indikatoren, die in den Blick genommen werden könnten. Zum Beispiel müssten nicht zwingend und ausschließlich die individuellen Schulleistungen der Kinder verglichen werden, denn stattdessen könnte auch nach der Leistungsfähigkeit von Bildungssystemen gefragt werden, um Entwicklungschancen für benachteiligte Kinder zu eröffnen. Es könnte im Sinne des CA auch gefragt werden, welche Wahlbefähigungen die Bildungssysteme für die Entwicklung der Kinder eröffnen. Ländervergleichende Untersuchungen auf der Grundlage des CA würden dann womöglich auf weniger Akzeptanzprobleme stoßen, wie dies gegenwärtig mit den PISA-Studien der OECD der Fall ist, welche die Leistungen in der Schriftsprache, Mathematik und den Naturwissenschaften ländervergleichend prüfen.

2.2 Die Allgemeine Erklärung der Menschenrechte und Konventionen der UN

Ausgehend von Theorien der Bildungsgerechtigkeit ist es nun an der Zeit, menschenrechtliche Dokumente und Verträge in den Blick zu nehmen. Sie sollen hinsichtlich ihrer Relevanz für Bildung allgemein wie auch für Schule und Unterricht im Besonderen herausgearbeitet werden. Vorab ist allerdings die Frage zu stellen, was ›Recht‹ denn eigentlich ist, denn erst vor diesem Hintergrund können menschenrechtliche Dokumente und Verträge hinsichtlich ihrer Verbindlichkeit wie auch ihres Bedeutungszusammenhanges diskutiert werden. Eine grundlegende und vor allem auch auf unterschiedliche gesellschaftliche bzw. gesellschaftskonstituierende Aspekte verweisende Definition von ›Recht‹ ist diese:

»Recht ist ein Regelungsmechanismus von sozialen, wirtschaftlichen und politischen Verhältnissen. Es steuert, stabilisiert und befriedet das gesellschaftliche Zusammenleben. Ohne das Recht würde dieses Zusammenleben durch Willkür, gewaltförmige Konflikte und das Recht des Stärkeren gekennzeichnet sein. Recht hat eine Friedens- und Schutzfunktion. Es versucht, Gewalt zu bannen und Macht zu kontrollieren. Recht braucht allerdings auch Macht, um durchgesetzt zu werden« (Fritzsche 2016, 17).

Recht bietet also sowohl kollektiven wie auch individuellen Schutz vor Machtmissbrauch und Gewalt und dient dem Erhalt von Frieden. Dies kann wiederum aber nur dann gelingen, wenn Recht auch mit Durchsetzungsmacht ausgestattet ist. ›Recht‹ wird zudem unterschiedlich interpretiert – und zwar divergierend nach historischen Epochen, regionalen oder nationalstaatlichen wie auch kulturellen Kontexten.

2.2.1 Die Allgemeine Erklärung der Menschenrechte

Die soeben skizzierten Mechanismen und Herausforderungen zeigen sich – Haspel (2005) folgend – besonders eindringlich am Beispiel der Allgemeinen Erklärung der Menschenrechte (AEM) der Vereinten Nationen (UN 1948). Die AEM entstand nicht im luftleeren Raum: Ihre Wurzeln erstrecken sich vom Naturrechtsdenken der griechischen Philosophie bis ins frühe Christentum, bevor sie im Europa der sich herausbildenden absolutistischen Territorialstaaten politische Bedeutung fanden. Konkrete Unrechtserfahrungen führten schließlich zur Herausbildung von grundlegenden Rechten (im Vereinigten Königreich u. a. mit der ›Magna Charta Libertatum‹ aus 1215 oder der ›Bill of Rights‹ aus 1689). In der Neuzeit gilt als Meilenstein der Entwicklung der Menschenrechte die US-amerikanische Revolution (u. a. mit der amerikanischen Unabhängigkeitserklärung aus 1776). Vor allem aber auch die aus der Französischen Revolution stammende ›Erklärung der Menschen- und Bürgerrechte‹ (1789) gilt als Grunddokument des modernen Menschenrechtsdiskurses (vgl. Haspel 2005). Mit den Vertragstheorien bei John Locke, Jean-Jacques Rousseau und Immanuel Kant (▶ 2.1) erhalten diese Dokumente zudem einen philosophischen Rahmen.

Internationale – d. h. Nationalstaaten übergreifende – Geltung erlangten die Menschenrechte in Folge der Gräueltaten der Nationalsozialist*innen. Vor dem Hintergrund der nationalsozialistischen Massenvernichtung erfolgte das klare Bekenntnis, dass sich ein solches Verbrechen nie wieder wiederholen dürfe – auch dann nicht, wenn (wie im Fall des Nationalsozialismus) Massenvernichtung durch eigene Gesetzgebungen rechtlich legitimiert wird. Es ist wichtig, sich die kaum vorstellbaren Opferzahlen zu vergegenwärtigen: Entsprechend den Angaben der internationalen Holocaust-Gedenkstätte Yad Vashem wurden während des nationalsozialistischen Terrors neben unzähligen Kriegstoten (Zivilist*innen und Soldat*innen) insgesamt rund 13 bis 13,5 Millionen Menschen systematisch ermordet – darunter rund 6 Millionen Juden und Jüdinnen, mindestens 3 Millionen sowjetische Kriegsgefangene, rund 3,5 Millionen nichtjüdische Zivilist*innen (Angehörige religiöser Minderheiten, politische Gefangene, deportierte Personen, Zwangsarbeiter*innen und andere), 90 000 bis 150 000 Sinti und Roma, 15 000 homosexuelle Menschen sowie 200 000 bis 270 000 Menschen mit Behinderung. Unzählige weitere Personen überlebten nach schwerer Folter, Zwangsarbeit, Verletzungen, Zwangssterilisation und Erniedrigung.

Als Reaktion darauf wurde im Juni 1945, unmittelbar nach dem Ende des nationalsozialistischen Regimes, die ›Charta der Vereinten Nationen‹ verabschiedet; kurz darauf – im Oktober 1945 – erfolgte die offizielle Gründung der UN. Das Ziel der ›Charta‹ und mit ihr der Vereinten Nationen ist es, den Schutz jedes einzelnen Individuums zur Aufgabe der internationalen Gemeinschaft zu machen. Die Zuständigkeit von Nationalstaaten wird damit aufgebrochen und individuelle Rechte im internationalen Recht verankert (Haspel 2005, 6). Konkretisiert werden die Menschenrechte allerdings erst mit der Verabschiedung der Allgemeinen Erklärung der Menschenrechte am 10. Dezember 1948 im Rahmen der Resolution der Generalversammlung 217 A (III) (UN 1948).

In der AEM werden grundlegende Menschenrechte festgelegt, die für jedes Individuum zu jeder Zeit gelten – unabhängig davon, ob überhaupt bzw. wenn, welche Staatsbürger*innenschaft eine Person besitzt, welcher sozialen Klasse sie angehört, welche Hautfarbe sie hat, welche sexuelle Identität sie für sich entwickelt hat oder auch zu welcher Religion sie sich bekennt usw. Dementsprechend sind für die in der AEM definierten Menschenrechte folgende Merkmale festzuhalten: Sie sind (1) angeboren und unverlierbar, (2) vorstaatlich/überstaatlich, (3) individuell, (4) egalitär, (5) moralisch, (6) rechtlich, (7) politisch, (8) universell, (9) fundamental, (10) unteilbar und interdependent sowie (11) kritisch (im Sinne einer Kritik an den Verhältnissen, in denen die Würde der Menschen noch ungeschützt ist und ihre Rechte verletzt werden) (Fritzsche 2016, 18 ff.). Die AEM umfasst insgesamt 30 Artikel. Der wohl bekannteste ist der Artikel 1, in dem es heißt »Alle Menschen sind frei und gleich an Würde und Rechten geboren. Sie sind mit Vernunft und Gewissen begabt und sollen einander im Geiste der Brüderlichkeit begegnen« (UN 1948, 2). Für den Kontext Bildung (bzw. spezifischer: Schule und Unterricht) sind freilich alle 30 Artikel von Bedeutung, werden damit ja auch die Grundrechte von Kindern und Jugendlichen – von Schüler*innen – festgelegt. Explizit gemacht wird dies im Artikel 26, in dem festgelegt wird, dass ausnahmslos alle Menschen das Recht auf Bildung in unterschiedlichen, frei zugänglichen Formen zusteht.

Trotz der enormen Bedeutung der AEM bleibt allerdings anzumerken, dass diese »gemäß ihres Rechtsstatus lediglich eine Empfehlung der Generalversammlung [der UN] darstellt, die ohne Verbindlichkeit blieb und von den Mitgliedsstaaten weder zu ratifizieren noch zu unterzeichnen war« (Haspel 2005, 6). Die Erklärung ist völkerrechtlich also nicht bindend. Die Einhaltung bzw. Umsetzung der AEM wurde und wird weder kontrolliert noch Verletzungen gegen sie sanktioniert. Um allerdings dennoch Verbindlichkeit herstellen zu können, werden einzelne Menschenrechte insbesondere im Hinblick auf besonders vulnerable Gruppen durch so genannte ›Konventionen‹ – völkerrechtliche Verträge – in eine für Nationalstaaten rechtlich bindende Form gebracht, die mit Kontroll- und Sanktionsmechanismen ausgestattet sind (ebd.). Zudem sind UN-Konventionen zumeist mit einem oder manchmal auch mehreren Fakultativprotokollen ausgestattet, die – abhängig vom Thema der jeweiligen Konvention – zusätzliche Möglichkeiten und Aspekte rechtlich grundlegen. Konventionen der UN müssen von Repräsentant*innen der betreffenden Mitgliedsstaaten zunächst unterzeichnet und in weiterer Folge durch das jeweilige nationale Gremium ratifiziert und in die nationale Gesetzgebung integriert werden, um einen völkerrechtlich bindenden Status zu erlangen. Eigens eingesetzte UN-Kommissionen oder auch -Komitees begleiten und überwachen die Implementierung und Umsetzung. Zudem müssen Nationalstaaten in regelmäßigen Abständen Bericht über die Einhaltung und Umsetzung erstatten. Parallel dazu erstellen Nicht-Regierungsorganisationen (NROs) des jeweiligen Landes so genannte ›Schattenberichte‹, die dem Zweck dienen, allzu einseitige und positive offizielle Berichte in ein realistischeres Licht zu rücken. Problematische Aspekte im Kontext der Konventionen und Übereinkommen sind die beschränkten Sanktionsmöglichkeiten und die westliche Prägung der Vereinbarungen. Ausgewählte, für den Kontext Inklusion, Vielfalt und Schule relevante Konventionen der UN werden in weiterer Folge entlang der chronologischen Abfolge ihres Erscheinens vorgestellt.

2.2.2 Abkommen über die Rechtsstellung von Flüchtlingen

Die ›Convention Relating to the Status of Refugees‹, landläufig als ›Genfer Flüchtlingskonvention‹ (GFK oder FK in der Schweiz) bezeichnet, wurde am 28. Juli 1951 verabschiedet und trat am 22. April 1954 in Kraft. Während des 2. Weltkrieges und auch danach sah sich eine hohe Anzahl von Menschen gezwungen, unter anderem aufgrund der Kriegshandlungen, systematischer Verfolgung und Terror oder ökonomischer Folgen ihre Heimat zu verlassen und sich andernorts im eigenen oder anderen Ländern in Sicherheit zu bringen. Die UN erkannte, dass es notwendig war, sich dieser besonders schutzbedürftigen Gruppe zu widmen. Im Jahre 1950

2.2 Die Allgemeine Erklärung der Menschenrechte und Konventionen der UN

wurde die UN High Commission for Refugees (UNHCR) für zunächst 3 Jahre eingesetzt, da man der Meinung war, dass danach die Situation von Personen mit Fluchthintergrund wieder reguliert sein würde. Parallel wurde die (G)FK erarbeitet, die sich auf folgende Gruppe fokussierte:

»Flüchtlingseigenschaft [wird einer] Person zuerkannt [...], die infolge von Ereignissen, die vor dem 1. Januar 1951 eingetreten sind, und aus der begründeten Furcht vor Verfolgung wegen ihrer Rasse, Religion, Nationalität, Zugehörigkeit zu einer bestimmten sozialen Gruppe oder wegen ihrer politischen Überzeugung sich außerhalb des Landes befindet, dessen Staatsangehörigkeit sie besitzt, und den Schutz dieses Landes nicht in Anspruch nehmen kann oder wegen dieser Befürchtungen nicht in Anspruch nehmen will; oder die sich als staatenlose infolge solcher Ereignisse außerhalb des Landes befindet, in welchem sie ihren gewöhnlichen Aufenthalt hatte, und nicht dorthin zurückkehren kann oder wegen der erwähnten Befürchtungen nicht dorthin zurückkehren will« (UNHCR 1951, 2).

Im Abkommen wurde also festgehalten, dass sich die Vertragsstaaten um die vor 1951 geflüchteten Personen unabhängig von deren Religion, Herkunft oder Zugehörigkeit zu bestimmten Gruppen oder politischen Meinungen in besonderer Weise annehmen sollten. Das Abkommen umfasst 46 Artikel, die sich in 7 Kapitel untergliedern. Artikel 1 ist dahingehend besonders interessant, als er es den Vertragsstaaten ermöglichte zu entscheiden, ob sich der von ihnen angebotene Schutz auf Personen aus Europa beschränken sollte oder für alle gelten würde. Artikel 2 verweist auf die Pflichten der geflüchteten Personen selbst. Im Anhang des Dokuments findet sich ein Beispiel, wie ein Reisedokument für diese Personengruppe aussehen könnte, welche die unterzeichnenden Staaten ausstellen (z. B. Konventionspass).

Bald wurde klar, dass Flucht auch weit über die ursprünglich angedachten drei Jahre nach dem 2. Weltkrieg ein menschenrechtlich relevantes Thema bleiben würde. Erst 1967 kam es über den Beschluss des Protokolls über die Rechtsstellung der Flüchtlinge vom 31. Januar 1967 zur zeitlichen und geographischen Erweiterung des Abkommens (vgl. UNHCR 2017). In der Einleitung des 11 Artikel umfassenden Dokuments wird auf die anhaltende Aktualität und Globalität des

Themas Flucht verwiesen und die Klauseln der zeitlichen Einschränkung auf Fluchtursachen vor 1951 und die Beschränkung auf bestimmte Länder werden aufgehoben. Am 31. Januar 1967 wurde das Dokument zur Erweiterung der (G)FK zur Unterzeichnung veröffentlicht. Details zu den jeweiligen Daten der deutschsprachigen Länder können der untenstehenden Liste entnommen werden.

Tab. 2.2: Übernahme der Genfer Flüchtlingskonvention in deutschsprachigen Ländern

	Genfer Flüchtlingskonvention		Fakultativprotokoll
	Unterzeichnung	Ratifizierung	Beitritt
Deutschland (DE)	19.11.1951	01.12.1953	05.11.1969
Österreich (AT)	28.07.1951	01.11.1954	05.09.1973
Schweiz (CH)	28.07.1951	21.01.1955	20.05.1968

2.2.3 UN-Kinderrechtskonvention

Die ›Convention on the Rights of the Child‹ (CRC) der UN – auf Deutsch auch ›Kinderrechtskonvention‹ genannt – wurde mit der Resolution 44/25 am 20. November 1989 von den Vereinten Nationen verabschiedet (UN 1989). Obwohl selbstverständlich auch für minderjährige Personen die AEM zum Tragen kommt, wird in der Präambel der CRC ausdrücklich darauf eingegangen, dass Kinder und Jugendliche expliziten Schutzes bedürfen, wodurch sich eine eigene Konvention für diese Zielgruppe begründet.

Als Kind wird laut Artikel 1 der CRC jede Person definiert, die »das achtzehnte Lebensjahr noch nicht vollendet hat, soweit die Volljährigkeit nach dem auf das Kind anzuwendenden Recht nicht früher eintritt« (BMFSFJ 2014, 12). Die insgesamt 54 Artikel umfassende Konvention greift in weiterer Folge einerseits Bestimmungen auf, die bereits in der AEM festgelegt wurden, und konkretisiert diese hinsichtlich des spezifischen Bedarfes bzw. Schutzes von minderjährigen Personen. Darüber hinaus wird sie um eigene, nicht in der AEM angeführte Aspekte und Bestimmungen ergänzt.

Auch für die CRC gilt, dass *alle* angeführten Artikel und Bestimmungen für den Kontext Schule und Unterricht von Relevanz sind. Dies lässt sich u. a. in der Präambel zur CRC nachlesen, wo es heißt, dass »das Kind umfassend auf ein individuelles Leben in der Gesellschaft vorbereitet und im Geist der in der Charta der Vereinten Nationen verkündeten Ideale und insbesondere im Geist des Friedens, der Würde, der Toleranz, der Freiheit, der Gleichheit und der Solidarität erzogen werden sollte« (ebd., 10 f.). Dennoch finden sich in den Artikeln 28 (Recht auf Bildung, Schule, Berufsausbildung) sowie 29 (Bildungsziele, Bildungseinrichtungen) explizit auf Bildungseinrichtungen, Schule und Unterricht bezogene menschenrechtliche Festlegungen.

Im Artikel 28 wird festgelegt, dass alle Kinder das Recht auf freien Zugang zu allen verschiedenen Formen von Bildung haben, wobei insbesondere der Grundschulunterricht verpflichtend und unentgeltlich zur Verfügung gestellt werden muss. Zudem ist das Herstellen von Disziplin in einer Weise zu wahren, die der Menschenwürde von Kindern entspricht – gewaltförmige Formen der Maßregelung sind damit zu unterlassen. Im Artikel 29 wird – ähnlich wie im Artikel 26 der AEM – erneut bestärkt, welche Ziele Bildung verfolgt. Sie muss darauf hinwirken,

»a) die Persönlichkeit, die Begabung und die geistigen und körperlichen Fähigkeiten des Kindes voll zur Entfaltung zu bringen; b) dem Kind Achtung vor den Menschenrechten und Grundfreiheiten und den in der Charta der Vereinten Nationen verankerten Grundsätzen zu vermitteln; c) dem Kind Achtung vor seinen Eltern, seiner kulturellen Identität, seiner Sprache und seinen kulturellen Werten, den nationalen Werten des Landes, in dem es lebt, und gegebenenfalls des Landes, aus dem es stammt, sowie vor anderen Kulturen als der eigenen zu vermitteln; d) das Kind auf ein verantwortungsbewusstes Leben in einer freien Gesellschaft im Geist der Verständigung, des Friedens, der Toleranz, der Gleichberechtigung der Geschlechter und der Freundschaft zwischen allen Völkern und ethnischen, nationalen und religiösen Gruppen sowie zu Ureinwohnern vorzubereiten; e) dem Kind Achtung vor der natürlichen Umwelt zu vermitteln« (BMFSFJ 2014, 22).

Die CRC wurde zudem um drei Fakultativprotokolle ergänzt. Das erste Fakultativprotokoll enthält Bestimmungen zur Beteiligung von Kindern an bewaffneten Konflikten, das zweite hat Kinderhandel, Kinderprostitution und Kinderpornographie zum Inhalt. Beide wurden im Jahr 2000 herausgegeben. Im dritten, 2011 veröffentlichten Fakultativprotokoll wird die Möglichkeit zur Individualbeschwerde eingeräumt, wodurch es Einzelpersonen ermöglicht wird, die Verletzung ihrer Rechte geltend zu machen. Sowohl die CRC als auch ihre Fakultativprotokolle wurden in den deutschsprachigen Ländern unterzeichnet und ratifiziert. Hier findet sich eine Übersicht über die entsprechenden Daten:

Tab. 2.3: Übernahme der UN-Kinderrechtskonvention in deutschsprachigen Ländern

UN- Kinderrechtskonvention	Unterzeichnung	Ratifizierung
DE	26.01.1990	06.03.1992
AT	26.01.1990	06.08.1992
CH	01.05.1991	24.02.1997
Fakultativprotokoll		
DE	06.09.2000	13.12.2004
AT	06.09.2000	01.02.2002
CH	07.09.2000	26.06.2002
Fakultativprotokoll		
DE	06.09.2000	15.07.2009
AT	06.09.2000	06.05.2004
CH	07.09.2000	19.09.2006
Fakultativprotokoll		
DE	28.02.2012	28.02.2013
AT	28.02.2012	-
CH	-	24.04.2017

2.2.4 Übereinkommen zur Beseitigung jeder Form von Diskriminierung der Frau

Obwohl sich die AEM auf alle Menschen bezieht, war und ist es nach wie vor in einigen Ländern nicht selbstverständlich, dass Mädchen, (junge) Frauen sowie auch Transpersonen gleiche Rechte haben wie ihr männliches Gegenüber. Die ›Convention on the Elimination of all Forms of Discrimination Against Women‹ (CEDAW), auf Deutsch auch einfach Frauenrechtskonvention genannt, wurde am 18. Dezember 1979 unter der Resolution 341/80 der UN verabschiedet. Die Konvention ist die aktuellste von insgesamt vier Abkommen mit einem klaren Frauenfokus, für die sich UN Women bzw. die ›Commission of the Status of Women‹ (CSW) stark gemacht hatten. Die CSW war ursprünglich (1946) dem Hochkommissariat der UN unterstellt, wurde dann aber aufgrund zahlreicher Proteste von Frauenrechtsaktivist*innen zu einer eigenständigen Kommission.

Wie der Name der Konvention schon verrät, geht es um die Verankerung von Bestrebungen gegen jegliche Diskriminierung gegenüber Frauen. Kernthemen sind neben anderen Gewalt gegen Frauen und die Gleichstellung der Frauen in allen Lebensbereichen, sei dies hinsichtlich der Ausübung des Rechts, zur Wahl zu gehen, oder in Bezug auf die gleichwertigen Chancen bei Bewerbungsverfahren etc. Auch Themen wie Mutterschaft und Heirat im Zusammenhang mit Freiwilligkeit und Bildung finden Erwähnung.

Der Begriff ›education‹ findet sich 20 Mal in der Einleitung und den 30 Artikeln der Konvention. Vor allem Artikel 10 setzt sich mit der Relevanz von Bildung auseinander: Der gleichberechtigte Zugang zu Bildung und koedukativen (geschlechtsheterogenen) oder ähnlich wirksamen Settings zur Beförderung der Lernergebnisse von Schülerinnen ist in Bezug auf Schule und Unterricht relevant. Das gilt auch für die Forderung nach Angeboten für weiterführende Bildung nach Absolvierung der Pflichtschule. Außerhalb von Artikel 10 wird mehrfach auf die Intersektion von Mutterschaft und Bildung eingegangen: So sollen Mädchen und junge Frauen zeitgerecht darüber informiert werden, was Mutterschaft bedeutet, um informierte

Entscheidungen darüber treffen können, wie viele Kinder sie bekommen wollen.

Tab. 2.4: Übernahme der UN-Frauenrechtskonvention in deutschsprachigen Ländern

Frauenrechtskonvention		Fakultativprotokoll	
Unterzeichnung	Ratifizierung	Beitritt	Ratifizierung
DE 17.07.1980	10.07.1985	10.12.1999	15.01.2002
AT 17.07.1980	13.03.1982	10.12.1999	06.09.2000
CH 23.01.1987	27.03.1997	15.02.2007	29.09.2008

Einige der unterzeichnenden Staaten haben Einschränkungen zum Originaltext bekanntgegeben, da nicht alle Aspekte aufgrund von kulturellen oder religiösen Gegebenheiten in die nationale Gesetzgebung übertragen werden können. Interessant ist auch, dass die Anzahl der Staaten, die die CEDAW unterzeichnet haben, aktuell bei nur 99 liegt. Andere hier angeführte Konventionen wurden von weit über 100 Staaten und Territorien unterzeichnet. Ein optionales Protokoll folgte 1999, in dessen 21 Artikeln auf die Relevanz der Konvention und die Einhaltung der darin befindlichen Vereinbarungen und Verantwortlichkeiten zu achten ist (online: http://www.un.org/womenwatch/daw/cedaw/).

2.2.5 UN-Behindertenrechtskonvention

Die ›Convention on the Rights of Persons with Disabilities‹ (CRPD) – zu Deutsch: UN-Konvention über die Rechte von Menschen mit Behinderungen oder kurz Behindertenrechtskonvention (UN-BRK) – wurde 2006 von den Vereinten Nationen mit der Resolution 61/106 verabschiedet (UN 2006). Sie gilt für jene Personen, die im Artikel 1 der UN-BRK als ›Menschen mit Behinderungen‹ definiert werden:

2.2 Die Allgemeine Erklärung der Menschenrechte und Konventionen der UN

»Zu den Menschen mit Behinderungen zählen Menschen, die langfristige körperliche, psychische, intellektuelle oder Sinnesbeeinträchtigungen haben, die sie in Wechselwirkung mit verschiedenen Barrieren an der vollen und wirksamen Teilhabe, gleichberechtigt mit anderen, an der Gesellschaft hindern können« (BGBl. 105/2016, 3 als offizielle deutsche Übersetzung von UN 2006).

Mit dieser Konvention wird behinderten Personen spezifischer, über die AEM hinausgehender Schutz zugesprochen und zugleich ein bereits in den vorangegangenen Jahrzehnten eingeläuteter Paradigmenwechsel menschenrechtlich festgelegt: In der UN-BRK erfolgt die explizite Abwendung von der tradierten Haltung, behinderte Personen seien ›Objekte‹ von Wohltätigkeits- und Spendenorganisationen, medizinischer Behandlung und sozialem Schutz. Vielmehr werden sie nunmehr als mit Rechten ausgestattete, kompetente und entscheidungsfähige Subjekte, als aktive Mitglieder der Gesellschaft rechtlich anerkannt.

Der durchaus als fortschrittlich zu beschreibende Charakter der UN-BRK wurde allerdings in den deutschsprachigen Ländern abgeschwächt, wie sich in der Übersetzung des im Original englischsprachigen Vertragstextes zeigen lässt. Manche der den Innovationscharakter der UN-BRK ausmachenden Kernbegriffe wurden mit deutlich abgeschwächten Termini belegt: So wurde – und dies ist für den Kontext Schule und Unterricht, aber auch für darüber hinausgehende Bereiche von zentraler Bedeutung – z. B. ›Inclusion‹ durch ›Integration‹ übersetzt (BGBL 2008 II). Die damit einhergehenden Implikationen sind insofern folgenschwer, als es demnach genügt, am ohnehin bereits teilweise etablierten integrativen Schulsystem festzuhalten, anstatt ein durchgängig *inklusives* System zu entwickeln und einzuführen. Während in Deutschland und in der Schweiz diese ursprüngliche Übersetzung der UN-BRK nach wie vor in Kraft und damit rechtsbindend ist, ist in Österreich seit dem Jahr 2016 eine Neuübersetzung gültig – u. a. findet sich hier nun durchgängig der Begriff ›Inklusion‹ wieder (BGBl 105/2016).

Auch für die UN-BRK gilt, dass alle in ihr festgelegten Bestimmungen für den Kontext Schule und Unterricht relevant sind.

Darüber hinaus wird auch hier explizit auf Bildung eingegangen – und zwar im Artikel 24. Dort wird zunächst behinderten Personen das Recht auf Bildung in einem inklusiven (in Deutschland und der Schweiz: integrativen) Schulsystem zugesichert. Sie dürfen *nicht* aufgrund von Behinderung vom allgemeinen Schulsystem ausgeschlossen werden und sollen dort die notwendige Unterstützung bekommen, »um ihre wirksame Bildung zu erleichtern« (BGBl 105/2016, 11). Ziel der vollständigen Inklusion (in Deutschland und der Schweiz: Integration) ist der Erwerb lebenspraktischer und sozialer Kompetenzen, um volle Teilhabe als Mitglieder der Gemeinschaft zu ermöglichen. Maßnahmen, die zu diesem Zweck zu treffen sind, sind u. a. der erleichterte Erwerb von (alternativen) Formen der Schrift und Kommunikation, der Erwerb von Orientierungs- und Mobilitätsfertigkeiten sowie der Erwerb der Gebärdensprache und die Förderung der sprachlichen Identität der Gehörlosengemeinschaft (▶ 3.4). Zudem wird explizit zugesichert, dass »blinden, gehörlosen, schwerhörigen, hörsehbehinderten oder taubblinden Menschen, insbesondere Kindern, Bildung in den Sprachen und Kommunikationsformen und mit den Kommunikationsmitteln, die für den Einzelnen am besten geeignet sind« (BGBl 105/2016, 11; BGBL 2008 II, 15) zur Verfügung zu stellen ist. Damit all diese Rechte verwirklich werden können, sind (behinderte) Lehrkräfte einzustellen, die in Brailleschrift und Gebärdensprache ausgebildet sind. Zusätzlich sind Mitarbeiter*innen auf allen Ebenen des Bildungssystems entsprechend zu schulen – auch hinsichtlich der »Schärfung des Bewusstseins für Behinderungen und die Verwendung geeigneter ergänzender und alternativer Formen, Mittel und Formate der Kommunikation sowie pädagogische Verfahren und Materialien zur Unterstützung von Menschen mit Behinderungen« (ebd.).

Die UN-BRK wurde von allen deutschsprachigen Ländern unterzeichnet und ratifiziert – auch wenn dies im Fall der Schweiz erst sehr spät erfolgt ist. Das dazugehörige, insbesondere Individualbeschwerden ermöglichende Fakultativprotokoll wurde lediglich von Österreich und Deutschland ratifiziert. Eine Übersicht über die entsprechenden Daten findet sich hier:

Tab. 2.5: Übernahme der UN-Behindertenrechtskonvention in deutschsprachigen Ländern

Behindertenrechtskonvention			Fakultativprotokoll	
	Unterzeichnung	Ratifizierung	Beitritt	Ratifizierung
DE	30.3.2007	24.2.2009	30.3.2007	24.2.2009
AT	30.3.2007 (Neuübersetzung seit 15. Juni 2016 in Kraft)	26.9.2008	30.3.2007	26.9.2008
CH	-	15.4.2014	-	-

2.3 Menschenrechtliche Grundlegung im Kontext Schule

In der AEM wird ausdifferenziert, welchem Zweck Bildung dient: Sie soll sowohl dazu beitragen, dass sich Personen bestmöglich entwickeln und entfalten können, wie auch dafür Sorge tragen, dass Vorurteile und Diskriminierungen abgebaut und auf diese Weise das Zusammenleben als Gesellschaft – übrigens auch außerhalb nationalstaatlicher Grenzen – dem Prinzip der Solidarität folgend gestärkt wird (UN 1948). Dies gilt ausnahmslos für alle Schul- und Bildungssysteme (auch der Erwachsenenbildung im Sinne des Lifelong Learning Approaches), für alle Jahrgangsstufen und für alle Unterrichtsfächer; adressiert werden damit einhergehend auch alle Lehrpersonen als diejenigen Akteur*innen, die dazu aufgefordert sind, den Artikel 26 in der konkreten Schul- und Unterrichtspraxis zur Anwendung bringen. Bildung spielt aber nicht nur als Menschenrecht, sondern auch als Thema in Bildungskontexten selbst eine Rolle. Es gilt, die in der AEM zugesicherten Rechte sowie die damit verbundenen Prinzipen zu vermitteln, sodass im Sinne eines gelungenen sozialen Zusammenlebens Menschenrechtsverletzungen vermieden werden bzw. sich möglichst nicht wiederholen. Das ist die Aufgabe der sogenannten Menschenrechts-

2 Menschenrechtliche Grundlagen Inklusiver Bildung

bildung (Human Rights Education), die im Jahre 2011 über eine Erklärung der Vereinten Nationen über Menschenrechtsbildung und -ausbildung grundgelegt wurde (Resolution 66/137, UN 2011). Menschenrechtsbildung stellt ein globales Konzept dar, in dem es darum geht, Lernende darüber zu informieren, welche Rechte sie in der lokalen wie auch internationalen Gesellschaft haben und welche Verantwortung sie den darin agierenden Anderen gegenüber haben (Radtke 2017, Ramirez et al. 2017). Im 2. Absatz von Artikel 2 dieser Erklärung wird dies wie folgt zusammengefasst:

> »Menschenrechtsbildung und -ausbildung umfasst a) die Bildung über Menschenrechte, die unter anderem darin besteht, Wissen und Verständnis über die Menschenrechtsnormen und -grundsätze, die ihnen zugrundeliegenden Werte und die Mechanismen für ihren Schutz zu vermitteln; b) die Bildung durch Menschenrechte, die unter anderem darin besteht, in einer Weise zu lernen und zu lehren, dass die Rechte sowohl der Lehrenden als auch der Lernenden geachtet werden; c) die Bildung für Menschenrechte, die unter anderem darin besteht, die Menschen zum Genuss und zur Ausübung ihrer Rechte und zur Achtung und Wahrung der Rechte anderer zu befähigen« (UN 2011, 408).

Im Sinne einer Inklusiven Pädagogik, aber auch aus der Perspektive der Politischen Bildung sowie Ansätzen der Globalen Bildung geht es darum, u. a. antidiskriminierende, antirassistische und antisexistische Perspektiven zu vermitteln, Respekt für und vor Diversität zu vermitteln und im Sinne der Wahrung der Menschenrechte *für alle* zu agieren. Werte wie Bewusstsein über persönliche Rechte, zivilgesellschaftliches Engagement und Solidarität sind zentrale Aspekte der menschrechtsbasierten Vermittlung. Das Sustainable Development Goal 4 (Education) der Agenda 2030 (UNESCO 2015) bündelt diese Ansätze, und das Konzept der Global Citizenship Education setzt diese Inhalte in der pädagogische Arbeit um (▶ Kap. 1).

Bisher bleibt die Art, Intensität und Qualität der Vermittlung häufig dem Engagement oder Interesse einzelner Lehrpersonen vorbehalten. Dies hat mehrere Gründe: Einerseits gibt es zwar gute Materialien zur Vermittlung, diese sind aber nicht zentral akkordiert verfügbar und werden von diversen staatlichen Stellen und NGOs angeboten, was einiges an Recherche bedeutet, um gut vorbereitet in den Unterricht gehen zu können. Andererseits sind sowohl die Verankerung in Curricula wie auch die wissenschaftliche Verankerung des Themas ausbaufähig.

Weiterführende Literatur und Links

Boltzmann-Institut für Menschenrechte: bim.lbg.ac.at/en
Deutsches Institut für Menschenrechte (DIMR): www.institut-fuer-menschen rechte.de/startseite/
Infos zum UNHCR: www.unhcr.org/dach/at/
Infos zur Behindertenrechtskonvention: www.behindertenrechtskonvention.info
Infos zur Frauenrechtskonvention: www.un.org/womenwatch/daw/cedaw/
Infos zur Kinderrechtskonvention: www.kinderrechtskonvention.info
Materialien für Menschenrechtsbildung: https://www.amnesty.at/academy/mate rialien/
Monitoringausschuss zur Umsetzung der UN-BRK (Österreich): monitoring ausschuss.at
Monitoringstelle UN-BRK (Deutschland): www.institut-fuer-menschenrechte. de/monitoring-stelle-un-brk/
Überblick über die Übereinkommen der UN: www.un.org/documents/instru ments/docs_en.asp, www.unhcr.org/protection/basic/3b73b0d63/states-par ties-1951-convention-its-1967-protocol.html
United Nations Development Programme und Human Development Reports: hdr.undp.org/en

3

Dimensionen der Vielfalt und pädagogisches Handeln

> **Worum es geht ...**
> Ausgehend von einer menschenrechtlichen Grundlegung Inklusiver Pädagogik kommen ausgewählte Dimensionen der Vielfalt in den Blick, die potentiell zu Marginalisierungen und Ausschlüssen in der Schule führen können. Das nachfolgende Kapitel stellt daher soziale Ungleichheit, Geschlecht, Migrationshintergrund, sprachliche Diversität, Behinderung und (Hoch-)Begabung als pädagogisch relevante Dimensionen der Vielfalt in der Schule dar.

3.1 Soziale Ungleichheit und Armut

›Class‹, ›race‹ und ›gender‹ und ihre Intersektionen sind in der internationalen sozialwissenschaftlichen Forschungsliteratur die zentralen Kategorien, die mit Ungleichheit in Verbindung gebracht werden. Der Begriff ›class‹ fokussiert dabei auf die soziale Ungleichheit. Ähnlich wie ›race‹ aus historischen Gründen nicht mit ›Rasse‹ ins Deutsche übertragen wird, tut sich die deutschsprachige Literatur auch mit dem Begriff ›class‹ schwer, den sie zumeist einem marxistischen Zugang zuordnet. Verbreitet ist im Deutschen eher der Schichtbegriff, dem aufgrund seiner Geschichte das kritische Potential des Begriffs Klasse aber fehlt (Scherr 2017, 95).

Das Konzept der sozialen Ungleichheit (›social inequality‹) hingegen hat sowohl in der deutschsprachigen wie auch der internationalen sozialwissenschaftlichen Forschung eine lange Geschichte und einen prominenten Platz. Soziale Ungleichheit repräsentiert ein globales Phänomen und wird damit in den letzten Jahren zunehmend in den unterschiedlichsten Fachgebieten thematisiert (Beck & Poferl 2010). Neben der Verteilung materieller Güter sind auch soziale und räumliche Zugehörigkeiten betroffen. Soziale Ungleichheit ist aber insbesondere auch ein Problem des Bildungssystems, da der Mangel an materiellen Ressourcen des Elternhauses die Bildungsentwicklung der Kinder in vielfacher Weise behindert.

3.1.1 Armutstheorien und Armutsbegriffe

Armut und Reichtum sind gegenüberliegende Pole im Feld sozialer Ungleichheit und damit auch mit Fragen sozialer Gerechtigkeit verbunden (▶ 2.1). Auch wenn soziale Ungleichheit sich über unterschiedliche Dimensionen ausdrückt, so stellt der extreme Mangel an materiellen Gütern ein massives Hemmnis für die kindliche Entwicklung dar, insbesondere auch im Hinblick auf Bildungsprozesse.

Über Jahrzehnte wurde Armut eher als Phänomen anderer geografischer Regionen in der Öffentlichkeit diskutiert. Ein Bewusstsein der gravierenden Entwicklungsfolgen betroffener Kinder und Jugendlicher entstand in der sozialwissenschaftlichen Forschung in mitteleuropäischen Ländern erst mit Verspätung.

Armut ist begrifflich nicht leicht zu fassen, und der Blick in ein etymologisches Wörterbuch zeigt, dass der Begriff alt ist, seine Herkunft aber umstritten. Er lässt sich bereits im 8. Jahrhundert im Althochdeutschen nachweisen und galt dort als Bezeichnung für Mittellosigkeit, Elend, Mangel und Not (Pfeifer 1993, 50).

Bis in die 1980er Jahre war Armut kein Begriff, der von den Sozialwissenschaften mit den Lebensbedingungen in mitteleuropäischen Ländern in Verbindung gebracht wurde. Stattdessen war eher von Unterprivilegierung oder Benachteiligung die Rede. Seit den 1990er Jahren ist der Armutsbegriff auch in den Sozialwissenschaften wieder sehr präsent, zuerst mit einzelnen Studien, mittlerweile auch mit einem breiten Wissensbestand in Handbuchform (Huster, Boeckh & Mogge-Grothjahn 2018). Bedingt durch die unterschiedliche theoretische Basis haben sich Unterscheidungen beim Armutsbegriff im Laufe der Zeit etabliert. Durch die unterschiedlichen Grenzziehungen zwischen Armut und Nicht-Armut werden allerdings deutliche Unterschiede in der Größe der jeweils erfassten Populationen angegeben (Zimmermann 2000).

Beim Versuch, das Verständnis von Armut zu klären, stellt sich auch die Frage nach der zugrundeliegenden theoretischen Basis. Dies führt zu Armutstheorien, die in unterschiedlichen fachlichen und thematischen Zusammenhängen stehen:

Der Soziologe Georg Simmel hat bereits zu Beginn des 20. Jahrhunderts in seinen Untersuchungen über die Formen der Vergesellschaftung Unterstützungsbedürftigkeit als ein strukturelles Element von Armut herausgearbeitet (Biewer 2005). Arm ist der*diejenige, der*die Unterstützung bekommt oder sie erhalten sollte. Es kann hier von einer *politischen Armutstheorie* gesprochen werden. In Simmels Verständnis wäre Armut durch Hilfe nicht zu beseitigen, sondern würde aufrechterhalten werden. Die Definition der Armutspopulation ist

Tab. 3.1: Armutstheorien und daraus resultierende Annahmen

Theorie	Annahmen: Arm sind diejenigen, ...
Politische Armutstheorien	... die in Programme der Armutsbekämpfung einbezogen sind.
Generationentheorie der Armut	... deren Eltern auch schon arm waren.
Subsistenztheorien	... deren physisches Überleben gefährdet ist.
Ressourcentheorien	... die nicht über genügend Mittel in den zentralen Lebensbereichen verfügen.
Lebenslagenkonzept von Armut	... die aufgrund zeitweise vorhandener Rahmenbedingungen ihre wichtigsten Bedürfnisse nicht erfüllen können.

somit gekoppelt an staatliche Maßnahmen zur Armutsbekämpfung. In der Konsequenz bedeutet dies: Je mehr Menschen staatliche Hilfen empfangen, umso mehr Arme tauchen in der offiziellen Statistik auf. Trotz dieser Problematik sind wissenschaftliche Arbeiten häufig von politischen Armutstheorien geleitet, da in Gestalt amtlicher Statistiken mit bereits vorliegendem Zahlenmaterial gearbeitet werden kann. Die *Generationentheorie* der Armut geht aus von der Beobachtung, dass Armut ein Phänomen ist, das über Generationen hinweg bestehen bleibt. Sind die Eltern arm, sind es auch die Kinder und Enkelkinder. Ein Ausbrechen daraus sei nur schwer möglich. Problematisch ist diese Sichtweise einer ›Vererbung‹ von Armut, da armutsbekämpfende Maßnahmen dann zumeist keine Wirkung zeigen.

Subsistenztheorien: Der Subsistenzbegriff von Armut ist gekoppelt an Momente der physischen Überlebensfähigkeit des Menschen. Arm ist nach diesem Ansatz, wer nicht über genügend Nahrung, Kleidung und Wohnraum verfügt, weshalb dessen Überlebensmöglichkeit gefährdet ist. Die Weltbank, die von einem subsistenztheoretischen Armutsbegriff ausgeht, sieht seit 2015 solche Menschen als arm an, die weniger als 1,90 Dollar am Tag zur Verfügung haben (www.worldbank.org/en/topic/poverty). An den Subsistenztheorien ist zu bemängeln, dass sie lediglich geeignet sind, Formen und Bedingungen des physischen Überlebens zu beschreiben und Momente der soziokulturellen Unterversorgung außer Acht lassen. In entwickelten Gesellschaften mit entfalteter Sozialgesetzgebung, wie es die EU-Staaten darstellen, ist der subsistenztheoretische Armutsbegriff nur noch in sehr seltenen Fällen anwendbar.

Ressourcentheorien fragen nach dem, was den Menschen zur Verfügung steht, um ihre Situation zu bewältigen. Armut wird in den meisten Untersuchungen nach dem Ressourcenansatz als Unterausstattung an monetären Ressourcen oder Produkten hauswirtschaftlicher Produktion verstanden. Kritisiert werden kann an diesem Ansatz, dass Erwerbsstatus, Wohnausstattung und Gesundheit nicht dazu gerechnet werden (Zimmermann 2000, 65).

Das *Lebenslagenkonzept* versucht, differenziert die einzelnen Faktoren der Unterversorgung in ihrer speziellen Bedeutung und ihrem zeitlichen Verlauf zu erfassen. Neben dem Einkommen enthält es noch weitere Faktoren wie Arbeit, Bildung, Wohnen, Gesundheit, Ernährung, Freizeit und deren Kumulation (Zimmermann 2000, S. 67), aber auch die Möglichkeit, soziale Netzwerke zur Verbesserung der eigenen Situation zu aktivieren. Das Lebenslagenkonzept ist auch in Ulrich Becks Theorie der Risikogesellschaft enthalten (Beck 1986). Auf diesem Hintergrund erlebte es seit Ende der 1980er Jahre besondere Prominenz in den Diskursen der Sozialwissenschaften. Die Risikogesellschaft ist für Beck mit einer Individualisierung von sozialer Ungleichheit verbunden und einem Gesellschaftswandel, »in dessen Verlauf die Menschen aus den Sozialformen der industriellen Gesellschaft – Klasse, Schicht Familie, Geschlechtslagen von Männern und Frauen – freigesetzt werden« (Beck 1986, 115). Beck sieht Armut als Zwischenereignis, als zeitlich befristete Lebensphase, die fast alle gesellschaftlichen Schichten treffen kann. Das Lebenslagenkonzept nützt, wenn es um die Erfassung der Komplexität einer individuellen Armutssituation geht – gerade auch bezogen auf die Armut von Kindern und Jugendlichen.

Die meisten sozialwissenschaftlichen Definitionen von Armut können diesen 5 Gruppen von Armutstheorien zugerechnet werden, wobei diese häufig Elemente aus mehreren dieser Theorien enthalten.

Aus der unterschiedlichen Theoriebasis, aber auch aus dem Alltagsverständnis, ergeben sich verschiedene Begriffe von Armut, die in der sozialwissenschaftlichen Literatur zu finden sind:

Tab. 3.2: Armutsbegriffe in der sozialwissenschaftlichen Literatur

Unterschiedliche Armutsbegriffe und ihre Bedeutung	
absolute Armut	Gefahr für physisches Überleben
relative Armut	Bezug zum Durchschnittseinkommen
objektive Armut	gemessen an gesellschaftlichen Normen
subjektive Armut	aus Sicht des*der Betroffenen
primäre Armut	siehe absolute Armut
sekundäre Armut	siehe subjektive Armut
tertiäre Armut	Einzelfallarmut
offene Armut	sichtbare Armut
verdeckte Armut	nicht sichtbare Armut
bekämpfte Armut	Armut als Objekt von Sozialprogrammen
versteckte Armut	individueller Verzicht auf Hilfen

Die obenstehende Darstellung der unterschiedlichen Armutsbegriffe basiert auf Biewer (2005) und der dort aufgearbeiteten Literatur. Beim Begriff der *absoluten Armut* ist der*diejenige arm, dem*der es an den Mitteln für das physische Überleben mangelt. Die Bezugsgröße für *relative Armut* ist der Lebensstandard in der jeweiligen Gesellschaft. Meistens erfolgt eine Bezugnahme auf das durchschnittliche Einkommen, in selteneren Fällen auch auf weitere Faktoren, wie die Versorgung mit Wohnraum oder Bildungsangeboten. Als relativ arm gilt der*diejenige, dessen*deren Einkommen eine bestimmte Mindesthöhe unterschreitet. Je nach Autor*in liegt die Marke bei 40, 50 oder 60 % des durchschnittlichen Einkommens. Der Begriff der relativen

Armut hat den Vorteil, dass, ähnlich wie beim politischen Armutsbegriff, für eine Bestimmung der Armutspopulation auf die staatlich erhobenen statistischen Daten zurückgegriffen werden kann. Positiv ist am relativen Armutsbegriff die Bezugnahme zum Lebensstandard der jeweiligen Gesellschaft zu werten. An der Definition relativer Armut ist zu kritisieren, dass es sich lediglich um eine statistische Bezugsgröße über die Einkommensverteilung handelt, die unter Umständen wenig Aussagekraft über eventuelle Notlagen der Betroffenen hat. Eine Gesellschaft, deren Mitglieder zwar alle wohlhabend sind, die aber eine breitere Einkommensstreuung aufweist, verfügt somit auch über viele relativ Arme. Selbst wenn das materielle Versorgungsniveau auch für die Armen im Laufe der Jahre wächst, kann die offizielle Statistik eine Zunahme der relativen Armut aufweisen, bedingt durch die Zunahme bei den Spitzenverdiener*innen. Der Begriff der relativen Armut ist nur in entwickelten Gesellschaften sinnvoll anwendbar. In Ländern mit Massenarmut oder mit vorherrschender Subsistenzwirtschaft ist der Begriff der relativen Armut irreführend. In Entwicklungsländern kann durchaus der Fall auftreten, dass Menschen über mehr als 50 % des durchschnittlichen Einkommens verfügen, aber trotzdem hungern. Sie wären somit absolut, aber nicht relativ arm.

Hinzuweisen wäre noch auf einige weniger gebräuchliche Unterscheidungen, z. B. die in *objektive* und *subjektive* Armut, die einige Arbeiten aus den 1950er Jahren verwendeten. Unter subjektiver Armut ist Armut aus der Sicht eines*einer Betroffenen gemeint. Dies muss aber nicht mit den in der Gesellschaft gültigen Normen übereinstimmen. Ist diese Übereinstimmung gegeben, wird von objektiver Armut gesprochen. Weiterhin gibt es eine Unterscheidung zwischen *primärer, sekundärer* und *tertiärer* Armut. Primäre Armut entspricht hier dem Begriff der absoluten Armut. Sekundäre Armut ist von den jeweiligen subjektiv empfundenen Werten und Normen abhängig und somit eine Kombination aus den Begriffen der relativen und der subjektiven Armut. Unter tertiärer Armut ist die Einzelfallarmut im Sinne eines individuellen Lebensnotstandes zu verstehen. Eine weitere Unterscheidung im Sprachgebrauch ist *offene* und *verdeckte* Armut. Für die Unterscheidung zwischen Fällen, in denen staatliche Unterstützungsmaßnahmen in Anspruch genommen werden, und solchen, wo Betroffene aus welchen Gründen auch immer darauf verzichten, gibt es noch die Bezeichnungen *bekämpfte* und *versteckte* Armut im Sinne einer sichtbaren und einer nicht-sichtbaren Armut.

Es gilt, diese Vielfalt an Theorien und Begriffsverständnissen im Auge zu behalten, wenn der Armutsbegriff im Zusammenhang mit Bildungsprozessen verwendet wird. Ein Verständnis von Armut im Kontext von Inklusiver Pädagogik sollte sowohl am Alltagsverständnis von Armut wie auch an sozialwissenschaftlichen Armutsdiskursen anknüpfen, die Perspektive der Betroffenen mit einbeziehen, sich an Entwicklung, Bildung und Erziehung orientieren, aber auch Bezug nehmen auf möglicherweise auftretende gesundheitliche Auswirkungen und Beeinträchtigungen.

Im Kontext der hier genannten Merkmale könnte Armut gesehen werden als eine

»Hilfe erfordernde, zeitlich befristete oder dauerhafte Unterversorgungslage bezüglich definierter Mindeststandards einer Gesellschaft, mit Auswirkungen auf die kulturellen und sozialen Lebensbedingungen und Gefährdungen der körperlichen, kognitiven, emotionalen und sozialen Entwicklung der betroffenen Menschen« (Biewer 2005, 156).

3.1.2 Armut und Resilienz

Die Armut von Kindern und Jugendlichen wirkt sich auf viele Lebensbereiche aus und ist durch zahlreiche Studien belegt (Biewer 2002; Zimmermann 2000). Schüler*innen können oft nicht an Schulausflügen teilnehmen, kommen ohne Frühstück zur Schule oder haben nicht in ausreichendem Umfang schulische Arbeitsmaterialien. Das Wohnumfeld ist oft ungünstig mit negativen Umwelteinflüssen. Kinder haben keinen eigenen Arbeitsplatz, an dem sie ungestört ihre Hausaufgaben machen können, und die Übertrittsrate an weiterführende Schulen ist gering. Jugendliche aus armen Haushalten können sich häufig nicht kleiden, wie es in der Peer-Gruppe erwartet wird, und sind von sozialen Aktivitäten von Alterskamerad*innen (z. B. auch im Freizeitbereich) häufiger ausgeschlossen. Fehlernährungen gehen einher mit entsprechenden gesundheitlichen Folgewirkungen.

Trotz der vielen übereinstimmenden Untersuchungsbelege ist vor Verallgemeinerungen zu warnen. Die Summe der Negativfaktoren kann auch zu stereotypen Sichtweisen führen und in der Konsequenz zu Vorurteilen der Lehrkräfte. Trotz schwierigster familiärer Lebensumstände kämpfen Eltern darum, Armutsauswirkungen so gut es geht von ihren Kindern fernzuhalten. Es ist aber auch zu berücksichtigen, dass Kinder durch eigene Haltungen und Aktivitäten mit widrigen Lebensumständen zurechtkommen (ebd.).

Neben den eingangs genannten Studien zur Benachteiligung infolge von Armut ist auch belegt, dass Armutslagen nicht notwendigerweise zu Defiziten führen müssen. Insbesondere die Resilienzforschung, der es um die Untersuchung der psychischen Widerstandskraft der Kinder geht, hat hier wichtige Beiträge geliefert. Eine Längsschnittstudie auf der amerikanischen Hawaii-Insel Kauai, die eine Population aller 698 im Jahre 1955 geborenen Kinder bis zum Alter von 40 Jahren in regelmäßigen Abständen untersuchte, stellte fest, dass 30 % der 210 Hochrisikokinder weder in der Schulzeit Lern- und Verhaltensprobleme entwickelten noch straffällig wurden oder als Jugendliche mit psychischen Problemen konfrontiert werden. Sie hatten im Alter von 40 Jahren einen Arbeitsplatz, brauchten keine staatlichen Unterstützungsleistungen und waren auch nicht mit dem Gesetz in Konflikt geraten (Balz 2018, 656).

Während es bis in die 1980er Jahre hinein üblich war, in der Forschung deprivierende Umweltfaktoren zu recherchieren und Verhaltensweisen und Entwicklungen des Kindes hinsichtlich deren Ursachen zu erklären, geht die Resilienzforschung den umgekehrten Weg. Sie fragt eher nach den Ressourcen des Kindes, um widrige Lebensumstände zu überwinden:

»Der Begriff Resilienz markiert das Phänomen, dass es Kinder und Jugendliche, aber auch Erwachsene gibt, die sich unter Bedingungen positiv entwickeln, die bei den meisten Menschen zu negativen Entwicklungen führen« (Fingerle 2016, 369).

Resilienzforschung steht damit im Gegensatz zu einer Sichtweise, die nur auf die Defizite fokussiert. Sie sucht eher nach den Ressourcen des Kindes und Jugendlichen, die ihm*ihr helfen, angesichts ungünstiger Lebensumstände und Umgebungen zu überleben und eine als positiv bewertete Entwicklung zu nehmen. Dies können sowohl schützende Faktoren in der Familie oder der Umwelt sein. Es kann sich aber auch um psychische Voraussetzungen beim Kind oder um Formen handeln, seine Erfahrungen zu verarbeiten und daraus Konsequenzen zu ziehen (Balz 2018, 656). So zeigten resiliente Kinder eine höhere Problemlösekompetenz, die Überzeugung der eigenen Wirksamkeit war stärker ausgeprägt und die eigenen Erwartungen waren realistischer. Sie hatten eine enge Bindung zu einer emotional stabilen Person in ihrer Familie aufgebaut. Häufig wirkten auch Personen des unmittelbaren Umfeldes (wie Nachbar*innen oder Lehrkräfte) als Unterstützer*innen, und sie konnten sich bei ihnen oder auch bei Gleichaltrigen Hilfe holen.

Für die Pädagogik ist Resilienzforschung mit ihren Ergebnissen insofern wichtig, als sie dem*der Pädagog*in hilft, die Situation des Kindes zu erkennen. Zudem liefert sie Ansatzpunkte, wie die erzieherische Einwirkung auch die eigenen Entwicklungskräfte des Kindes berücksichtigen kann.

3.1.3 Individuelles Kapital von Schüler*innen

Pierre Bourdieu (1987) verwendet den Begriff des Kapitals, wenn er sich auf die individuellen Ressourcen von Menschen bezieht. Bourdieu unterscheidet dabei zwischen mehreren Formen von Kapital, wobei er die zentralen Formen als *ökonomisches*, *soziales* und *kulturelles* Kapital bezeichnet. Dabei kann es einen Überfluss, aber auch einen Mangel geben. Mit ökonomischem Kapital meint er die Verfügbarkeit über materielle Ressourcen. Dies lässt sich z. B. durch

Geld ausdrücken. Soziales Kapital bezieht sich auf die vorhandenen Beziehungen der Menschen. Dies ist ausdrückbar über soziale Netzwerke, auf die (im Unterschied zu solchen virtuellen Netzwerken wie z. B. Facebook) tatsächlich zurückgegriffen werden kann. Das soziale Kapital ist an den Beziehungen erkennbar, die Menschen haben, und das materielle Kapital ist an Einkommen oder Besitz gebunden. Das kulturelle Kapital lässt sich z. B. an Karriereverläufen oder akademischen Titeln erkennen. Es ist mit der Übernahme des Habitus der Herkunftsfamilie verbunden und ist auch am Bildungsstand ablesbar. Das von Bourdieu verwendete Konzept des Habitus umfasst das Gesamtauftreten einer Person wie z. B. seine Umgangsformen, seinen Geschmack und seine Sprache.

Die verschiedenen Formen des Kapitals können miteinander korrelieren, müssen es aber nicht. Das Vorhandensein kulturellen Kapitals z. B. kann das Fehlen materiellen oder sozialen Kapitals kompensieren. Was bedeutet dies? Trotz Bildung kann Einkommen fehlen. Aber das Vorhandensein von Bildung kann die Voraussetzung dafür bieten, dass finanzielle Notlagen überwunden werden können. Wer nicht über Bildung verfügt, ist womöglich mit seiner Familie in einer Armutslage gefangen – und dies oftmals über Generationen. Wenn wir uns die materielle Situation von Studierenden ansehen, werden wir womöglich die gleiche oder zumindest eine ähnliche monatliche Einkommenssituation vorfinden. Es kann z. B. sein, dass Studierende über ein minimales Einkommen verfügen, ähnlich wie Familien, die langfristig soziale Unterstützung erhalten. Es besteht aber ein wesentlicher Unterschied zu Menschen, die seit Generationen von Armut betroffen sind: Studierende verfügen zumeist über soziales und kulturelles Kapital, die eine materielle Notlage zumeist nur zu einer vorübergehenden Erscheinung werden lassen. Menschen mit unzureichender Bildung hingegen verfügen oftmals über weniger Chancen, ihrer materiellen Notlage zu entkommen. Bourdieus Theorie eignet sich somit zur Erklärung der ›Vererbung‹ von Bildung und Armut.

Kuhlmann (2018), die von Bourdieus Ansatz ausgeht, bringt den Begriff der ›Bildungsarmut‹ in die Diskussion. So kann Armut und

Reichtum im Mangel und Überfluss an materiellem, kulturellem und sozialem Kapital bestehen (ebd., 436). Bildung gehört zum kulturellen Kapital, dessen Mangel auch materielle Nachteile nach sich zieht, da der Zugang zu entsprechend bezahlten Tätigkeiten bei fehlenden Bildungsabschlüssen nicht möglich ist (ebd., 435). Scherr (2017, 102 ff) sieht Bourdieus Ansatz als hilfreich für die Erziehungswissenschaft an, da er den Möglichkeitsraum individueller Praktiken im Bildungsbereich aufzeige. In den vergangenen Jahren sei sein Zugang in der Forschung um ein Milieukonzept erweitert worden, das Klassenlagen und Lebensstile weniger eng koppelt, als dies bei Bourdieu der Fall ist. Milieus weisen demnach übereinstimmende Lebensstile, Werte, Normen, politische Orientierungen und auch Konsumstile auf.

3.1.4 Ausblick auf soziale Ungleichheit und Armut aus der Perspektive Inklusiver Pädagogik

Es kann vermutet werden, dass für zukünftige Diskussionen über Armut auch das neue, multidimensionale Verständnis von Bildungsungleichheit der Agenda 2030 eine zunehmende Rolle spielen wird. Mit der Beendigung von Armut (SDG 1) und der Verringerung von Ungleichheit (SDG 10) wird über die Agenda 2030 ein globaler Rahmen auch für die Bildung abgesteckt (▶ Kap. 1). Der Kampf gegen Armut (SDG 1) und die Reduzierung von Ungleichheit (SDG 2) stellen insbesondere in ihrer Kombination mit inklusiver Bildung (SDG 4) einen der Schwerpunkte der Agenda 2030 dar.

Während bildungsbezogene Ungleichheitsforschung jahrzehntelang auf den nationalstaatlichen Rahmen fokussierte, nehmen die Sustainable Development Goals soziale Ungleichheit in ihrer globalen Dimension wahr und ziehen damit die Konsequenz aus weltweiten Entwicklungen, die nationalstaatliches Denken zu einer Fiktion werden lassen. Auch die Bekämpfung von Armut in der jeweiligen Festlegung der Kriterien wird als Aufgabe *aller* Länder, nicht nur derjenigen des globalen Südens, gesehen.

3 Dimensionen der Vielfalt und pädagogisches Handeln

3.2 Geschlecht und Gender

Dieser Abschnitt erläutert die Heterogenitätsdimension Geschlecht bzw. Gender und wie sich diese auf vielfältige Weise auf die Institution Schule, die Gestaltung von Unterricht, die Leistungsbewertung, den Umgang von Schüler*innen untereinander und weitere mit Bildung verwobene Aspekte auswirkt. Einleitend wird die Bedeutung des Begriffs Gender ebenso wie verwandte Konzepte wie Geschlechtlichkeit und geschlechtliche Identität definiert. In einem zweiten Abschnitt werden für den deutschsprachigen Raum relevante historische Ereignisse skizziert, die zur gemeinsamen Beschulung beigetragen haben, ergänzt um andere genderbezogene Entwicklungen im Kontext von Schule im deutschsprachigen Raum. Anschließend werden aktuell im Gebrauch befindliche Konzepte und geführte Diskussionen eingeführt und in einem letzten Unterkapitel in Bezug auf Inklusive Schule kontrastiert und kontextualisiert.

Gender ist über den Kontext Schule und Bildung hinausgehend im deutschsprachigen Raum eine gesellschaftspolitisch polarisierte und polarisierende Kategorie, deren Einflussbereich und Relevanz häufig unterminiert wird. Das verweist auf die Verhaftung von klassischen Rollenbildern: Frauen sind demnach eher für den häuslichen Bereich zuständig; Männer gehen tendenziell einer Erwerbsarbeit nach, um die Familie zu ernähren, wodurch ihnen über lange Zeit eine unhinterfragte superiore Rolle zuerkannt wurde. Aktuell wirkt sich dieser Umstand zum Beispiel über den sogenannten ›gender pay gap‹ aus: dieser gibt Aufschluss über bestehende Unterschiede in der Bezahlung von Männern und Frauen bei gleicher Qualifikation, Arbeit und Position.

Die Auseinandersetzung mit Frauen bzw. dem, was als weiblich gilt, war lange Zeit nicht von Interesse. Dies änderte sich im wissenschaftlichen Kontext und darüber hinaus auch gesellschaftlich rund um die Publikation des Titels ›Le Deuxième Sexe‹ (›Das andere Geschlecht‹ in deutscher oder ›The Second Sex‹ in der englischen Übersetzung) von Simone de Beauvoir im Jahre 1949 (1949/2011).

Das unvorhohlen feministische Werk war auf mehreren Ebenen bahnbrechend, da es einerseits von einer Frau verfasst war und für die damalige Zeit sehr offen mit Begriffen wie (weiblicher) Sexualität operierte. Die Rezeption des Buches war – wenig überraschend – nicht ausschließlich positiv. Dies gilt auch für die Reaktionen auf Judith Butlers Werk, das sich einige Jahrzehnte später weiterführend mit gesellschaftlichen Zuschreibungen und Konstruktionen von vermeintlicher Weiblichkeit und Männlichkeit (›doing gender‹) auseinandergesetzt hat (1990/2004, 2007).

Rund um die Veröffentlichung Butlers erster Werke kam es im Laufe der 1980er zur Etablierung der sogenannten ›Women and Gender Studies‹ (Frauen- und Geschlechterforschung). Diese begleiten auch den Übergang von der 2. zur 3. Welle des Feminismus, indem sich im Rahmen der zweiten Phase erkämpfte Institutionen etablieren. Diese Entwicklungen lösten erste, in der Zeit der Industrialisierung angesiedelte Bemühungen von Frauen zur politischen Gleichberechtigung rund um das Ende des 19. hin zum Übergang zum 20. Jahrhundert ab, die auch als 1. Welle des Feminismus bekannt sind. Die Entwicklungen sind in untenstehender Abbildung veranschaulicht. Der Kampf von Frauen um Gleichberechtigung fand seinen Höhepunkt rund um den ersten Weltkrieg. Zu dieser Zeit kämpften Frauen für gleiches Wahlrecht und damit demokratische Mitbestimmung. In den 1960er und 1970er Jahren fand ein weiteres Aufbäumen statt, im Zuge dessen Frauen in teilweise radikalen Protestbewegungen für weiterführende Gleichstellung kämpften. Ausgehend von den Ergebnissen der 1. und 2. Welle des Feminismus etablierte sich die dritte Phase, in deren Zuge sich Frauen weiterhin dafür einsetz(t)en, vollständig gleichgestellt zu werden. Die enge Verstrickung der Auseinandersetzung von frauenbezogenen Themen und politischen Entwicklungen wird aus diesen Entwicklungen augenscheinlich. Aktuell besteht ein Diskurs darüber, ob die 4. Welle des Feminismus, welche auch als ›post gender‹ bezeichnet wird, im Gange sei und die dritte abgelöst habe oder ob diese noch andauert, was in der nachfolgenden Abbildung durch eine offene Zeitachse angedeutet ist (Krolokke & Sorensen 2006).

3 Dimensionen der Vielfalt und pädagogisches Handeln

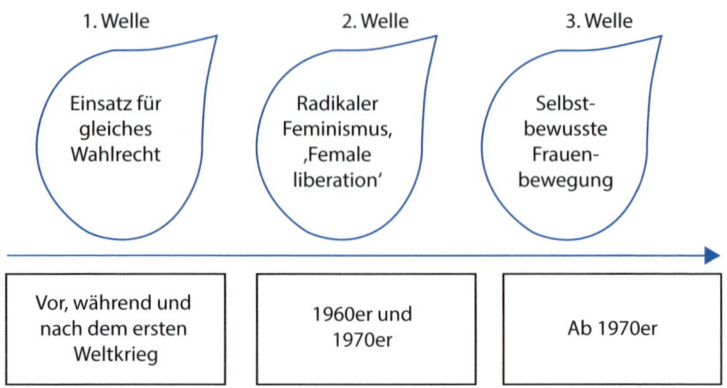

Abb. 3.1: Phasen des Feminismus

Ungeachtet dessen laufen genderbezogene Diskussionen zu Themen wie Gleichberechtigung weiterhin nicht friktionsfrei ab. Diese schließen mittlerweile häufig aber zumindest eine breitere Sicht auf Gender, abseits der Dichotomie Mann und Frau, ein. Diskussionen drehen sich beispielsweise darum, ob die Verwendung der männlichen neben der weiblichen Form (sogenannte Paarform, z. B. Autofahrer und Autofahrerinnen) oder weiterführende Formen der gendergerechten (z. B. AutofahrerInnen) oder gendersensiblen Sprache (z. B. Autofahrende oder Autofahrer*innen) in der geschriebenen und gesprochenen Sprache negativen Einfluss auf die Konsistenz der deutschen Sprache haben kann bzw. zu unnötiger Komplexität führt. Mitunter ist diese Form der Resonanz auf die Umsetzung genderreflektierender Sprache klar antigenderistischen und/oder antifeministischen Strömungen zuzuordnen (Kelle 2015; Gay 2014; hornscheidt 2011).

3.2.1 Gender – Bedeutung von Geschlecht jenseits biologischer Determinanten

Das biologisch definierbare Geschlecht wird im Englischen mit dem Begriff *sex* übersetzt, wohingegen die soziale Konstruktion und

3.2 Geschlecht und Gender

Zuschreibung von Geschlecht als *gender* bezeichnet wird. In der deutschen Übersetzung ist eine solche Differenzierung nicht möglich bzw. fehlen Begriffe, um diese eindeutig anzuzeigen; hier wird lediglich von ›Geschlecht‹ gesprochen, womit zumeist sex (also das biologische Geschlecht) adressiert wird. Um dennoch eine Unterscheidung vornehmen zu können, werden sex und gender auch im deutschsprachigen Diskurs gebraucht. Geschlecht kann nicht rein binär, also limitiert auf zwei Geschlechter gedacht werden, denn es gibt biologisch gesehen nicht nur Männer und Frauen. Neben männlichen und weiblichen Personen gibt es auch sogenannte intersexuelle Personen. Diese sind aufgrund der Ausprägung ihrer primären Geschlechtsorgane und Hormone nicht eindeutig dem männlichen oder weiblichen Geschlecht zuordenbar. Die medizinische Praxis beschränkt sich meist auf wenig informierte korrigierende, langwierige und an ein physisch eindeutig erkennbares Geschlecht anpassende Operationen sowie die Verabreichung von Hormonen und Medikamenten. Aus einem intersexuell geborenen Menschen wird dementsprechend mittels medizinischer Eingriffe und Behandlung entweder ein Mädchen oder ein Junge ›gemacht‹. Mitunter kommt es im Verlauf des Jugendalters (oder auch früher) aber dazu, dass sich die jeweiligen Personen ihrem ›gemachten‹ Geschlecht nicht zugehörig fühlen oder ihre Geschlechtlichkeit bzw. die zugehörige Identität alternativ konstruieren – sich also weder eindeutig als Mann oder Frau, sondern dazwischen identifizieren können oder wollen. Dies unterstreicht, dass die biologische Komponente immer in einem breiteren Kontext gesehen werden muss.

Gender ist neben sex mittlerweile eine gängige Kategorie für geschlechtsbezogene Aspekte, die sich – wie schon lange erkannt, aber nicht breit akzeptiert – nicht nur auf das biologische Geschlecht reduzieren lassen. Vor diesem Hintergrund sollte beachtet werden, dass die individuelle Identifikation mit einem Geschlecht nicht nur biologisch determiniert ist (Ebene 1 in der nachfolgenden Graphik), sondern auch mit der je eigenen geschlechtlichen Identität (2), der sexuellen Anziehung bzw. Orientierung (3) sowie dem Ausdruck, also der nach außen gerichteten Darstellung der eigenen Geschlechtlichkeit (4), verwoben ist. Beispielhaft können hier transidente Personen angeführt werden, die sich ihrem biologischen Geschlecht nicht zugehörig fühlen und damit unterschiedlich umgehen.

Zu diesen vier Ebenen lassen sich auch noch Kontinua zuordnen, die veranschaulichen, wie individuell sich das genderbezogene Selbstverständnis ausprägen kann. Derartige mitunter als fluide rezipierte Konzeptionen von Geschlechtlichkeiten sind nicht starr festgelegt und können sich verändern. Kategorien für die unterschiedlichen Zuordnungen oder Identitäten wandeln sich laufend und werden erweitert; als Überbegriff gilt das Konzept ›queer‹. Wichtig ist es, an dieser Stelle festzuhalten, dass einzelne identitätsbezogene Faktoren fälschlicherweise pathologisiert wurden und nach wie vor werden (so galt Homosexualität beispielsweise bis in die späten 1970er Jahre als Krankheit, Transsexualität wurde erst 2018 aus der Version 10 der International Classification of Diseases, ICD-10, entfernt).

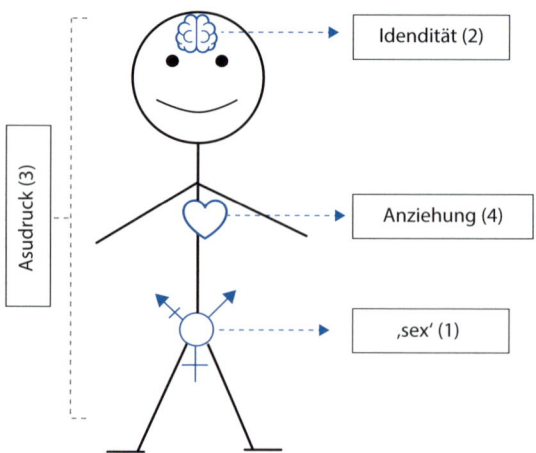

Abb. 3.2: Überblick über vier genderbezogene Ebenen (in Anlehnung an ›The Genderbread Person‹ 2017, http://www.genderbread.org)

3.2.2 Historische Hintergründe zu genderspezifischen Entwicklungen der Schulsysteme deutschsprachiger Länder

In diesem Abschnitt soll nachgezeichnet werden, welche Entwicklungen zu Koedukation (also der gemeinsamen Beschulung aller Geschlechter) führten und die Berücksichtigung von genderspezifischen Aspekten in Schule und Unterricht im deutschsprachigen Raum beförderten. Parallel zu relevanten historischen Rahmenbedingungen soll erläutert werden, welche Gelingensbedingungen die Herausbildung eines genderbezogenen Selbstverständnisses von Schule ermöglichten. Zuerst wurden Mädchen und junge Frauen ignoriert, danach berücksichtigt. Dies führte zu einem Schulsystem, das Mädchen und Jungen sowie junge Männer und Frauen als gleichwertige Nutzer*innen von Bildungsangeboten betrachtet, die es koedukativ und gleichberechtigt zu unterrichten gilt. Intersexuelle und transidente Personen, also Gruppen abseits eines binären – zweigliedrigen – Verständnisses von Geschlechtern, erhalten nur langsam Aufmerksamkeit in dieser Debatte. Die nachfolgende Tabelle fasst ausgewählte Meilensteine auf dem Weg zur Koedukation mit Schwerpunkt auf Mädchen- und Frauenbildung zusammen (BMB 2011, Holz & Shelton, Fiona 2013, Drägestein & Schwarze 2013).

Tab. 3.3: Übersicht über die relevantesten historischen Entwicklungen auf dem Weg zur Koedukation von Jungen und Mädchen im deutschsprachigen Raum

Epoche	Österreich	Deutschland
18. Jahrhundert	1775: Einführung der Schulpflicht in geschlechtsgetrennten Schulen	1717: Deutschland sieht sich durch die Einführung der Schulpflicht im Königreich Preußen unter Druck gesetzt, da Schule bis dahin Jungen vorbehalten war, v.a. um den klerikalen Nachwuchs zu sichern. Proteste von Bauern und Bäuerinnen, die den Ausfall von Arbeitskräften fürchten. Von Humboldt fordert schulische Bildung auch für Frauen, damit sie ihre Ehemänner nicht langweilen.

Tab. 3.3: Übersicht über die relevantesten historischen Entwicklungen auf dem Weg zur Koedukation von Jungen und Mädchen im deutschsprachigen Raum – Fortsetzung

Epoche	Österreich	Deutschland
19. Jahrhundert	1805: Im Falle zu geringer Belegung durch Knaben Zulassung von Mädchen zu Hauptschulen. 1892: Gründung erster Gymnasien für Mädchen.	2. Hälfte: Forderung von Frauenrechtsaktivist*innen, die Bildung für Mädchen auch abseits der Schulen für ›Hohe Töchter‹ zu ermöglichen. Ende des 19. Jahrhunderts: Forderung nach absoluter Gleichberechtigung.
Erste Hälfte 20. Jahrhundert	1919: Zulassung von Mädchen an Knabenmittelschulen unter massiven Protesten von Männern und Frauen	Ab 1908: Formale Aufnahme von Mädchen in staatliche Mädchenschulen zulässig. Nur in Ausnahmefällen wurde einer Zulassung an Jungenschulen zugestimmt (Verrechtlichung: 1924) 1918/19-1933: Diskussion über Koedukation und regionsspezifische formale Ermöglichung, v.a. aus ökonomischen Gründen.
Zweiter Weltkrieg	Einschnitt in Bestrebungen zum gleichberechtigten Bildungszugang für Frauen	
Zweite Hälfte 20. Jahrhundert	1962: Erlass zur Koedukation unter Vorbehalt 1975: Gesetzliche Verankerung der Koedukation in Österreich	1945: Einführung der Koedukation in der DDR. Diskussion in der BRD, da sich viele konservative Kräfte gegen die Etablierung der Koedukation stellen. 1960er: Studierendenproteste führen zu Kritik am klassischen Frauenbild (verheiratete Hausfrau, die keine weiterführende Bildung benötigt), das eine flächendeckende Koedukation nach wie vor verhindert. Einführung der Koedukation.

Die Entwicklungen in der Schweiz sind stark von der kantonalen Organisationsform geprägt und weisen stark divergierende Momente von Ort zu Ort auf. Zusammenfassend kommt es aber zu ähnlichen Entwicklungen:

3.2 Geschlecht und Gender

»Mit der Einführung der allgemeinen Schulpflicht ab 1830 erhielten zwar Mädchen wie Knaben ein Recht auf vier bis sechs Jahre Unterricht in den Grundfertigkeiten Lesen, Schreiben und Rechnen. Bald darauf wurde der Handarbeitsunterricht für Mädchen eingeführt, und es etablierte sich sehr rasch ein nach Geschlechtern differenziertes Fächerangebot in der Volksschule. Von den höheren öffentlichen Schulen und den Gymnasien und damit von Fächern wie Physik, Chemie, Geometrie oder Latein blieben Mädchen lange ausgeschlossen. Die fast einzige Möglichkeit, eine höhere Bildung zu bekommen, waren die im letzten Drittel des 19. Jahrhunderts gegründeten Höheren Töchterschulen (Mittelschulen für Mädchen)« (EFK 2001, 1).

Erst 1981 kam es zur gesetzlichen Verankerung der Koedukation in der Schweiz. Die für die Schweiz angesprochenen regionalen Unterschiede zeigen sich auch in Deutschland, wie der obigen Tabelle zu entnehmen ist. Die Etablierung der Koedukation verlief vor der Wiedervereinigung 1989/90 äußerst unterschiedlich: So war es Mädchen im Osten gleichermaßen wie Jungen erlaubt, gleichberechtigt am Unterrichtsgeschehen teilzunehmen. Die Entwicklungen und Rückschritte rund um den Zweiten Weltkrieg in Deutschland und Österreich in puncto Mädchenbildung hingegen veranschaulichen die enge Verwobenheit der Kategorie Gender mit politischen Entwicklungen, welche zu Brüchen oder Rückschritten in der fortschreitenden Gleichberechtigung führen können. Die Tabelle belegt eindringlich, dass die Gleichbehandlung von männlichen und weiblichen Schüler*innen im schulischen Kontext noch nicht lange eine Selbstverständlichkeit in deutschsprachigen Ländern ist. Ebenfalls geht die über lange Zeit vorherrschende Benachteiligung von Mädchen und Frauen im Verlauf der Etablierung von Bildungsmöglichkeiten aus dieser Darstellung hervor. Die historischen Entwicklungen veranschaulichen, wie eng (weibliches) Geschlecht mit anderen Dimensionen der Diversität verknüpft ist: Mädchen und Frauen aus höheren sozio-ökonomischen Schichten war es schon ab 1897 möglich, in Österreich Schulbildung zu erhalten. Bildung war eingangs also mit ökonomischem Kapital/Klasse (▶ 3.1.3) verknüpft. Außerdem blieben Angebote für Frauen und Mädchen im Bildungssektor lange Zeit auf hauswirtschaftliche

Inhalte beschränkt, was wiederum das eingangs beschriebene Rollenklischee bediente.

3.2.3 Gender in der Schule

Die Relevanz von Gender in Schule und Unterricht kann unter diversen Perspektiven betrachtet werden. Einerseits kann Gender ein Thema im Unterricht sein: Ein klassisches Beispiel wäre der Sexualunterricht in Biologie, aber auch das respektvolle und gleichwertige Miteinander unabhängig von Geschlecht im Kontext der Menschenrechte (▶ 2.3). Andererseits kann das Geschlecht und die geschlechtliche Identität der Lernenden und Lehrenden die Unterrichtssituation beeinflussen und im Unterrichtsgeschehen beachtet oder sogar darauf Bezug genommen werden – oder eben nicht. Für den Unterricht können folgende Konzepte in Bezug auf Gender vorkommen: (1) Genderneutraler Unterricht: Es wird nicht explizit auf das Thema oder das Geschlecht der Schüler*innen eingegangen. Dies ändert nichts daran, dass das Unterrichtsgeschehen trotzdem durch Gender beeinflusst wird. (2) Genderspezifischer oder -anzeigender Unterricht: Zum Beispiel in Form Feministischer Pädagogik (Prengel 2006) oder Jungenarbeit. Hier wird also explizit auf Gender – unter Umständen mit Bezugnahme auf eines der Geschlechter – eingegangen. Dies kann mitunter zur Bevorzugung eines der Geschlechter führen. (3) Gendergerechter Unterricht oder gendersensibler Unterricht: In dieser Form des Unterrichts wird ebenfalls explizit auf Geschlecht ein- und möglichst sensibel und aufmerksam mit dem Thema umgegangen. Die drei Formen sind natürlich nicht immer klar voneinander abgrenzbar, je nach Konzept spielt Geschlecht gar keine Rolle (1), eines von zwei Geschlechtern eine maßgebliche Rolle (2) oder ist Geschlecht oder der Umgang damit sogar maßgeblich.

In der wissenschaftlichen Auseinandersetzung wird Gender hinsichtlich Schule und Bildung oft nur verkürzt dahingehend diskutiert, dass eine klare Trennung zwischen den zwei Geschlechtern gezogen und unterschiedliche Auswirkungen auf die Leistung (v.a. in MINT-

3.2 Geschlecht und Gender

Fächern oder mit Bezug auf PISA) untersucht werden (z. B. Budde 2008). Ebenso wird immer wieder auch der Mehrwert koedukativer Systeme in Frage gestellt und gegenüber Vor- und Nachteilen von geschlechtergetrennten Settings diskutiert. Faulstich-Wieland (2006) führte zum Themenkomplex Monoedukation (geschlechtergetrennte Beschulung), Koedukation und reflexiver Koedukation (gemeinsame Beschulung, die sich kritisch damit auseinandersetzt) zahlreiche Studien durch. Weiters sind das Agieren und das Geschlecht von Lehrenden Inhalt der Auseinandersetzung (Rieske 2011). Aus letztgenanntem Aspekt lässt sich unter anderem ableiten, dass männlichen Schülern mitunter weniger zugetraut wird, da ihnen biologische Voraussetzungen abgesprochen werden oder bestimmte Verhaltensweisen zugeschrieben werden, die dem vermeintlichen Bemühen der weiblichen Mitschülerinnen gegenüberstehen. So kommt es mitunter dazu, dass vermeintlich überangepasste Mädchen bessere Noten erhalten als ihre männlichen Mitschüler, selbst wenn diese Inhalte besser verstanden haben und anwenden können. Besonders interessant scheint in weiterer Folge also der Fokus darauf, welche Relevanz geschlechtliche Zuschreibungen im Unterricht haben und wie diese im Miteinander zwischen Schüler*innen untereinander, zwischen Schüler*innen und Lehrpersonen und letztlich auch in der Auseinandersetzung mit Erziehungsberechtigten wahrgenommen, erzeugt und reflektiert werden.

Nachfolgend soll veranschaulicht werden, welche Konzepte im Umgang mit Gender in Schule und Unterricht eine relevante Rolle spielen. In Anlehnung an Thon (2017, 79 ff.) werden eingangs vier für die Bildungs- und Erziehungswissenschaft relevante Ansätze aus den Gender Studies zusammengefasst:

Geschlecht sein: Ausgehend von der Etablierung klassischer Geschlechterrollen im nicht-öffentlichen Lebensbereichen manifestierte sich vor allem über die Etablierung des Bürger*innentums und dem Aufstieg der Naturwissenschaften seit dem 18. Jahrhundert auch im Bildungsbereich eine klassische Verteilung der Geschlechter: Frauen waren für den häuslichen, privaten Bereich zuständig; Männern war es vorbehalten, das ökonomische Überleben der

Familie zu sichern. Nicht länger waren nur religiöse Faktoren maßgeblich, sondern wurde die charakteristische Zuordnung zu den jeweiligen Geschlechtern auch über Erkenntnisse über die Natur des Menschen belegt (Thon 2017). Aus dieser Perspektive lässt sich ableiten, dass man als geschlechtliches Wesen geboren wird (vgl. obige Definition der Kategorie sex).

Zum Geschlecht werden: Unter diesem Aspekt lässt sich die Wichtigkeit der Sozialisation zur Etablierung von Geschlecht zusammenfassen. Simone de Beauvoir und andere meist weibliche Vertreterinnen feministischer Grundhaltungen reagierten mit Ablehnung auf die unter Punkt 1 beschriebene unwiderrufliche geschlechtliche Charakterisierung und Zuschreibung. Diese Bestrebungen leiteten Forschung im Bereich der geschlechtlichen Sozialisation der 1970er und 1980er auch im Bereich der Bildung ein. Zusammengefasst kann darunter verstanden werden, dass Mädchen und Jungen dem biologischen Geschlecht entsprechend erzogen werden und ihnen über gesellschaftliche Sozialisation ihre jeweiligen Rollen eingeschrieben werden.

›Doing gender‹: Unter dieser auf Deutsch nur schwer übersetzbaren Position – am ehesten trifft vielleicht die Übersetzung ›Geschlecht konstruieren‹, ›Geschlecht machen‹ oder ›Geschlecht tun‹ (Thon 2017) – wird verstanden, dass über die Interaktion mit einem Gegenüber erst Geschlechtlichkeit relevant gemacht wird und über diesen Austausch ein Nährboden für die Relevanz von Unterschieden geschaffen und diese darüber eigentlich erzeugt werden.

Subjektivität und Performativität von Geschlecht (Thon 2017): Im Sinne einer der relevantesten Vertreter*innen dieser Position, Judith Butler, geht es hierbei darum, dass Geschlechtlichkeit sich darüber konstituiert, dass Menschen sich bestimmten poststrukturalistischen Normen unterwerfen und sich aufgrund bestimmter gesellschaftlich geltender Erwartungshaltungen verhalten.

Für zukünftige Lehrpersonen spielt die Bewusstheit und das Wissen über das breite Spektrum der Zugänge zu Geschlecht und Gender eine wichtige Rolle. Relevant ist dabei die Reflexion darüber, welche Rolle die indirekte Berücksichtigung von Geschlecht oder das direkte Eingehen darauf haben kann oder eben nicht. Je nach Unterrichtsfach, assoziierten Leistungsansprüchen und persönlicher Sozialisation hat Gender implizit oder explizit eine Auswirkung auf die Lehrpersonen und ihr Agieren, die sich nicht nur in der Wahl didaktischer Mittel und in der Unterrichtsgestaltung widerspiegelt.

3.2.4 Ausblick auf Gender aus der Perspektive Inklusiver Pädagogik

Zusammenfassend kann festgehalten werden, dass Gender im Unterschied zum deutschen Wort Geschlecht im englischen Verständnis das soziale oder sozialisierte Verständnis von Geschlecht meint, welches der biologischen Definition (*sex*) gegenübersteht. Ausgehend davon wird klar, dass Gender eine relevante Diversitätsdimension für (inklusive) Schule ist, die weit über die Vermittlung von Sexualpädagogik hinausgehen muss. Gender wird allzu oft verkürzt oder nur an der Intersektion mit anderen Ebenen (Leistung, Migration etc.) bearbeitet, untersucht und dargestellt oder auf die Auseinandersetzung mit Mädchen und jungen Frauen im Kontext von Bildung reduziert. In Hinblick auf ein inklusives Verständnis von Gender wäre es wichtig, vermehrt auf die Arbeit mit Jungen und jungen Männern sowie dem Klassenverband, dem Bereich der Schulentwicklung, der Elternarbeit und weiteren intersektionalen Faktoren Rechnung zu tragen. Es gilt dabei, queertheoretische Konzepte zu berücksichtigen, die (wie eingangs beschrieben) über ein binäres Verständnis von Geschlecht, in dem Mädchen und junge Frauen besonderer Beachtung bedürfen, hinausgeht. Die im vorigen Kapitel erläuterten Unterrichtsprinzipien der aktiven Bezugnahme auf Geschlecht oder dem aktiven Aussparen geschlechtsbezogener Aspekte gehen nicht explizit darauf ein, dass es neben einem binären Verständnis von Geschlecht und Gender einen weiterführenden Zugang gibt, welcher sich über die klassischen Geschlechtergrenzen hinwegsetzt und die Zuteilung in Kategorien generell in Frage stellt. Die queertheoretische Perspektive auf Unterricht und dessen Gestaltung (Hartmann et al. 2017) repräsentiert eine zukunftsweisende Basis für Unterrichtsgestaltung und schulisches Zusammenleben, die sich jenseits starrer Zuschreibungen auf fluide Identitätskonstruktionen einlassen kann. In einem nicht-binären bzw. queeren Verständnis von Gender, geschlechtlicher Identität, Orientierung und Selbstrepräsentation können sich laufend weitere und auf je individuelle Auslegungen bezugnehmende Formen des Geschlechts ergeben, die nicht starr verankert sein müssen, sondern als fluide verstanden werden können. Dies unterstreicht, dass eine Reduktion auf die biologistische Facette zu kurz greift, um die Relevanz der Begrifflichkeit Gender in ihrer ganzen Breite zu erfassen.

Auch auf globaler Ebene spielt das Thema des Schulzugangs für alle Schüler*innen unabhängig von ihrem Geschlecht nach wie vor eine zentrale Rolle, wie sich auch in der Schwerpunktsetzung der SDGs zeigt. Noch immer ist es in einigen Ländern nicht selbstverständlich, dass Mädchen der Zugang zu schulischer Bildung ermöglicht wird oder dass auf der anderen Seite Jungen vom Schulbesuch ausgeschlossen bleiben, weil Förderprogramme nur noch auf Mädchen und junge Frauen fokussieren. An dieser Stelle spielen wiederum die soziale Benachteiligung und (kulturell geprägte oder bedingte) Zuschreibungen eine Rolle.

Abschließend kann in Anlehnung an Thon (2017) festgehalten werden, dass Gender an sich, vor allem in einem breit gedachten Verständnis, kein Kriterium für Differenzierung sein müsste:

> »In Diskussionen um Heterogenität in Schule und Unterricht wird Geschlecht häufig als eine der zentralen Dimensionen von Heterogenität angeführt. Differenzen hinsichtlich der Kategorie Geschlecht gehen dabei nicht darin auf, dass Schülerinnen und Schüler in Mädchen und Jungen zu unterscheiden wären, dadurch unterschiedliche Bildungsvoraussetzungen hätten oder durch die Schule bestimmte geschlechtsbezogene Benachteiligungen oder Privilegierungen erfahren würden« (2014, 77).

Ausschlaggebend sind vielmehr assoziierte Zuschreibungen und Vorurteile im Kontext einer verengten Perspektive auf Gender und Geschlecht.

3.3 Migration, Forced Migration und Flucht

In diesem Abschnitt soll auf die Begrifflichkeiten Migration und von außen induzierter Migration und Flucht eingegangen, aktuelle Entwicklungen in den historischen Kontext eingereiht sowie ausgewählte schulische und bildungspolitische Fragen dargestellt werden. Castro Varela und Mecheril halten 2010 im von Mecheril herausgegebenen Buch »Migrationspädagogik« fest: »Migration stellt den Normal- und nicht den Ausnahmezustand europäischer Gesellschaften dar« (ebd., 23). Dieser Satz kann dahingehend erweitert werden, dass es sich bei Migration um ein globales Phänomen handelt. Migrationsbewegungen sind nichts, was erst seit wenigen Jahrzehnten passiert (Krüger-Potratz 2009). Menschen reisen, migrieren, pendeln, fliehen etc. seit eh und je. Die Gründe für diese objektiv als Bewegung oder Wanderung zu bezeichnenden Vorgänge sind mannigfaltig: Viele dieser Bewegungen sind (bildungs-)ökonomischen Entwicklungen geschuldet, z. B. der in vielen Berufsfeldern gegebenen Notwendigkeit, Auslandserfahrung zu sammeln oder mehrere Sprachen zu sprechen. Gegenüber freiwilligen Bewegungen stehen von außen induzierte, oft gewaltvolle Implikationen wie Naturkatastrophen oder (macht-)politisch eskalierende Situationen, die Menschen zur Flucht zwingen. Diese unfreiwilligen Bewegungen sind einerseits Flucht, andererseits sonstige, von außen auf Menschen einwirkende Umstände, wie zum Beispiel Zwangsumsiedelungen, Evakuierungen nach Naturkatastrophen, Dislozierung aufgrund von Menschenhandel etc. Letztere werden im englischen als *forced migration* bezeichnet (Fiddian-Qasmiyeh et al. 2014). Das Ankommen vieler Tausender schutzsuchender Personen mit Fluchthintergrund in einigen Teilen Europas macht(e) weltpolitische Verschiebungen besonders augenscheinlich. Politische und ökonomische Entwicklungen haben eine Auswirkung darauf, warum und wohin Menschen sich in welcher Zahl bewegen. Die Bezeichnungen für die jeweilige Bewegung sind häufig unscharf (Nuscheler 2013) und drücken nicht immer aus, welche Gründe diese bedingt haben.

Migration kann aus unterschiedlichen Perspektiven betrachtet werden und hat Effekte auf globaler (Migrationsbewegung), gesellschaftlicher (Migrationsgesellschaft) und persönlicher Ebene (Kulturelle Herkunft und Identität): Eine Person verlässt ihre gewohnte Umgebung bzw. muss diese verlassen. Sie kommt in eine neue Gesellschaft, die auf diese Person reagiert und in der sie ihre Identität neu kontextualisiert. Abbildung 3.3 veranschaulicht die hier beschriebenen Ebenen.

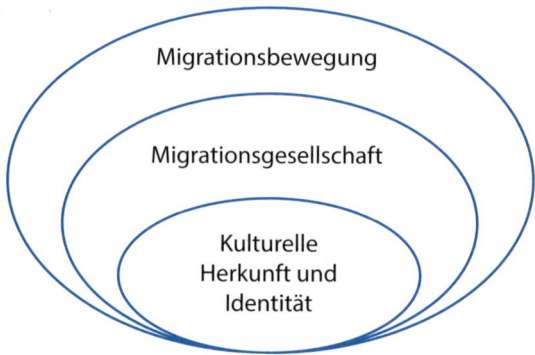

Abb. 3.3: Identität und Migration

Nicht weniger komplex gestaltet sich diese Perspektive, wenn man von Personen spricht, die in einer Folgegeneration in einem von den Eltern/einem Elternteil ausgewählten oder zugeteilten Land geboren werden: Es handelt sich dann um Flucht bzw. Migration in 2., 3. etc. Generation (auch als Diaspora bezeichnet). Der Versuch, die unterschiedlichen Begrifflichkeiten Bewegungen zuzuordnen, gestaltet sich komplex und ist mitunter unscharf. So wird Migration mitunter als Sammelbegriff für alle Bewegungen verwendet. Ausgewählte Begriffe werden im Folgenden schematisch dargestellt:

Die Begriffe forced migration und Flucht unterscheiden sich je nach Definitionsansatz in ihren detaillierten Ausprägungen. Zwischen Flucht, forced migration und Migration verlaufen wiederum je

3.3 Migration, Forced Migration und Flucht

Tab. 3.4: Begriffsklärung Migration und Flucht

Begriff	Definition und Beispiele	Erläuterungen
Migration	»Die biografisch relevante Überschreitung kulturell, juristisch, lingual und (geo-)politisch bedeutsamer Grenzen« (Mecheril 2010, 35).	Freiwillige bzw. nicht gewaltvoll induzierte Bewegung, z. B. Verlagerung des Lebensmittelpunktes aus zwischenmenschlichen, ökonomischen oder bildungsrelevanten Gründen.
Flucht	Person mit Fluchthintergrund nach der Genfer Flüchtlingskonvention (▶ Kap. 2.2.1): »Person […] die […] aus der begründeten Furcht vor Verfolgung wegen ihrer Rasse, Religion, Nationalität, Zugehörigkeit zu einer bestimmten sozialen Gruppe oder wegen ihrer politischen Überzeugung sich außerhalb des Landes befindet, dessen Staatsangehörigkeit sie besitzt, und den Schutz dieses Landes nicht in Anspruch nehmen kann oder wegen dieser Befürchtungen nicht in Anspruch nehmen will; oder die sich als Staatenlose infolge solcher Ereignisse außerhalb des Landes befindet, in welchem sie ihren gewöhnlichen Aufenthalt hatte, und nicht dorthin zurückkehren kann oder wegen der erwähnten Befürchtungen nicht dorthin zurückkehren will« (UNHCR 2017; 2, 31).	Differenzierung Binnenflucht: Flucht innerhalb des Heimatlandes.
Forced migration	Zum Beispiel in Folge von Menschenhandel und Menschenschmuggel, Zwangsräumungen etc.	Im Sinne obenstehender Definition von Flucht fallen unter diese Definition auch asylwerbende Personen sowie jene, die sich illegal in einem Land befinden.

nach zeitlichem Horizont keine eindeutigen Trennlinien. Die Grenzen zwischen den Fragen, welcher Grund nun eindeutig als Fluchtursache und welcher eine implizierte Migration bedingt bzw. ab wann eine Person mit Fluchthintergrund als Migrant*in bezeichnet werden kann, sind fließend (Fiddian-Qasmiyeh et al. 2014).

Das Eintreffen oder Bleiben einer Person oder Personengruppe in einem Land nimmt Einfluss auf die Zielgesellschaft und die Reaktion dieser auf die Ankommenden, die im Verlauf der Geschichte in den deutschsprachigen Ländern unterschiedlich begleitet wurden. Zahlreiche teilweise komplexe Prozesse spielen sich für Personen mit Migrations- und Fluchthintergrund manchmal über lange Zeit hinweg ab und bedürfen unter anderem pädagogischer Aufmerksamkeit: Ausweisung, Evakuierung, Flucht, Abwanderungen auf der einen, das Ankommen, die Eingliederung, Integration und im besten Fall Inklusion auf der anderen Seite. In der Begegnung von Personen unterschiedlicher nationaler Herkunft kann es sowohl unmittelbar nach der Ankunft als auch über mehrere Jahre hinweg zu kulturellen Missverständnissen und Unverständnis kommen: Hier handelt es sich um ein Thema, welchem sich anfangs die sogenannte Ausländer*innen-, danach die Interkulturelle Pädagogik wie auch die Multikulturelle und aktuell die Migrations- und Transkulturelle Pädagogik angenommen haben. Wie sich diese Entwicklungen gestaltet haben und welche Perspektiven die Inklusive Pädagogik in diesem Kontext anzeigen kann, wird erläutert, nachdem der Begriff Kultur diskutiert wurde.

3.3.1 Begriffsbestimmung: Kultur

Kultur ist ein Begriff, der – wie Römhild (2018) beschreibt – durch seine aktuell inflationäre alltagssprachliche Nutzung in der Einflusssphäre seiner wissenschaftlichen Bedeutung bedroht ist. Es gibt viele Definitionen von Kultur, die sich im Verlauf der Historie maßgeblich gewandelt haben. Mit Bezug auf den englischen Begriff *culture* ließen sich bereits 1952 164 Definitionen von Kultur finden, welche drei Strängen zugeordnet werden können (Kroeber & Kluckhohn 1952 nach Römhild 2018):

1. Definitorischer Bereich: Adressierung der Beziehung Mensch – Umwelt – Technik
2. Sozialer Bereich: Fokus auf zwischenmenschliche Beziehungen
3. Geistige Kultur: Bezug auf Wissen, Ideen, Symbole und Werte

Die Frage nach der Definition oder Bedeutung von Kultur ist vor diesem Hintergrund eine äußerst komplexe. Eine Antwort könnte laut Radtke (2018) mit Bezug auf den oben eingeführten definitorischen Bereich sein, dass Kultur alles ist, was nicht Natur ist.

Waren wissenschaftliche Ansätze von Kultur anfangs rein westlich geprägt (also von westlichen Autor*innen verfasst oder jenen, die im Westen Bildung erfuhren) oder orientiert (Blick aus dem Westen auf die Anderen), gibt es Beispiele für alternative Zugänge, die mittlerweile auch global rezipiert werden (z. B. Bhabha 1994). Unterschiedliche Zugänge zu Kultur wurden mitunter auch zur Quelle von Diskriminierung und Differenzierung, wie das folgende Zitat veranschaulicht:

> »…Kultur verstanden als ›Hochkultur‹ geistiger und künstlerischer Leistungen einerseits, und Zivilisation als Bereich sozialer, materieller, technologischer Entwicklungen, als tätige Auseinandersetzung mit Natur andererseits. So wurde es möglich, Kultur als nachhaltig wirkendes Orientierungs- und Handlungspotential zu verstehen, das alle Mitglieder einer Gesellschaft oder Gemeinschaft, d. h. über alle sozialen Unterschiede hinweg, verbindet. Gleichzeitig wurde Kultur damit zu dem Begriff, mit dem eine bestimmte Gruppe von Menschen bezeichnet und von anderen Gruppen unterschieden werden kann« (Römhild 2017, 19).

Ein besonderes grausames Ausmaß nahm der Missbrauch der Auslegung solch einer Definition in der nationalsozialistischen Deutung der ›Rassentheorie‹ an. Wer nicht der sogenannten ›Herrenrasse‹ angehörte, wurde als minderwertig angesehen, wodurch sich im Extremfall eine Tötung legitimieren ließ. Dem gegenüber stehen kritische postkoloniale Ansätze der sogenannten *cultural studies*, die sich aktiv gegen Rassismus und kulturelle Zuschreibungen stellen. In einem weiteren Definitionsansatz werden kulturelle Akteur*innen sogar ins Zentrum der jeweiligen Kultur gesetzt, die Verantwortung tragen und Mitgestaltungsmöglichkeiten haben. Dies kommt beispielsweise im folgenden Zitat zur Geltung: »The culture does not save nor guide the individual who is a hero. It is the hero who saves and guides the culture« (Aldridge et al. 2014, 117). Wie man dem Zitat entnehmen kann, ist es also held*innenhaft, sich für die Gestaltung der Gesellschaftskultur einzusetzen. Kultur wird hier als etwas Wechselseitiges verstanden, das nicht festgefahren ist, wie es ein monokultureller – also ein auf eine Kultur fokussierter und daran orientierter – Zugang vermuten lassen würde. Diese weitergefasste flexible Begrifflichkeit manifestiert sich in der Inter- bzw. Transkulturalität. Kultur wird hier als etwas Wechselseitiges und nicht nur auf ein Merkmal fokussiertes Phänomen verstanden. Wolfgang Nieke, ein Vertreter der Interkulturellen Pädagogik (also einer Pädagogik, die sich mit dem Zusammenspiel zweier oder mehrerer Kulturen auseinandersetzt), definiert Kultur wie folgt: »Kultur ist die Gesamtheit der kollektiven Orientierungsmuster einer Lebenswelt (einschließlich materieller Manifestationen)« (2008, 50). Dies gibt darüber Aufschluss, dass das Zusammenleben in einer Kultur über bestimmte Leitlinien oder Codes nachvollziehbar und geregelt ist, z. B. das Anhalten von Autofahrenden vor einer gekennzeichneten Kreuzung für Fußgänger*innen: »Kulturen sind ein System von Symbolen, und zwar nicht irgendwelchen beliebigen, sondern Interpretations-, Ausdrucks- und Orientierungsmuster« (Nieke 2008, 47). Der Autor leitet davon ab, dass die Begegnung von Vertreter*innen unterschiedlicher Kulturen nicht immer ohne Probleme oder Missverständnisse vor sich gehen kann. Wie sich die Pädagogik in den deutschsprachigen Ländern mit diesem Phänomen im Verlauf der Geschichte auseinandergesetzt hat, wird im nachfolgenden Abschnitt erläutert.

3.3.2 Grundlagen und historische Genese pädagogischer Überlegungen im Kontext von Kultur und Migration

Die Etablierung einer Interkulturellen Pädagogik geht im deutschsprachigen Raum auf die 1960er Jahre zurück. Erste Überlegungen

3.3 Migration, Forced Migration und Flucht

rund um die Idee der anfangs noch als ›Ausländer*innenpädagogik‹ bezeichneten Strömung lassen sich in Deutschland rund um das Jahr 1960 ansiedeln (Krüger-Potratz 2010). Wie Nieke (2008) festhält, erreichten mit den Gastarbeiter*innen, die nach dem 2. Weltkrieg nach Österreich und Deutschland kamen, auch Kinder die hier ansässigen Schulen. Es schien zunächst so, als hätte niemand damit gerechnet, dass die Arbeitenden auch ihre Familien mitbringen bzw. hier Familien gründen würden. Behelfsweise wurde die sogenannte Ausländer*innenpädagogik installiert. Der Fokus lag dabei eindeutig auf der Vermittlung von sprachlichen Kompetenzen und handwerklichen Fertigkeiten. Die Lernenden sollten auf ein vorübergehendes Leben als Handwerkende vorbereitet werden. Dem lag die Vermutung zugrunde, dass die Arbeitenden nach getaner Arbeit samt Familien umgehend in ihre Heimat zurückkehren würden. Es dauerte nicht lange, bis sich an diesem Modell Kritik manifestierte, da es als den Bedürfnissen der Lernenden nicht entsprechend beschrieben wurde. Es folgte eine Ausdifferenzierung abseits einer spezifischen Förderpädagogik und auch eine Bezugnahme auf ethnische Minderheiten (Nieke 2008). Die »neu hinzutretenden Aufgabe der Vorbereitung auf ein Leben in einer dauerhaft multikulturellen Gesellschaft« (ebda., 17) bedurfte einer Antwort und Eingliederung in die Allgemeinbildung. Auch die Multikulturelle Pädagogik (sie trägt im angloamerikanischen Raum nach wie vor die gängige Bezeichnung multicultural education), die sich je nach Definition eher inhaltlich und didaktisch mit der Besonderheit unterschiedlicher Kulturen bzw. dem Nebeneinander unterschiedlicher Kulturen auseinandersetzt und diese zu vermitteln sucht, schien an dieser Stelle zu einseitig bzw. vermengt sich ihre Definition mitunter mit jener der Interkulturellen Pädagogik (Allemann-Ghionda 2013).

Ab den 1980er Jahren vollzog sich ein Wandel von der ›Ausländer*innen-‹ (oder ›Minderheiten-‹) zur Interkulturellen Pädagogik:

> »Auslöser für die Herausbildung einer Spezialisierung, die sich mit den Folgen der Arbeitsmigration insbesondere in den Praxisfeldern Schule und Sozialarbeit auseinandersetzte, waren politische und gesellschaftliche Veränderungen, die eine neue Ausländer- und Integrationspolitik erforderten. So z. B. die in den

Verträgen der Europäischen Gemeinschaft festgelegten Freizügigkeitsregelungen für Arbeitskräfte oder die durch internationale Konventionen und Vereinbarungen gesetzten Standards, wie z. B. durch die Menschrechtskonvention von 1948 oder die Kinderrechtskonvention von 1989. Zugleich hat sich die Migration nach dem Zweiten Weltkrieg quantitativ und qualitativ verändert. Nicht nur die Zahl der Zugewanderten und Zuwandernden ist deutlich gestiegen, sondern vor allem die Zahl der Länder und Regionen, aus denen sie kommen, und damit die Zahl der Sprachen und Lebensformen, die sie mitbringen. Verändert haben sich auch – stets begleitet von vielen Kontroversen – die politisch-rechtlichen Bedingungen, unter denen bestimmte Gruppen von Zugewanderten sich niederlassen, ihre Familienangehörigen nachholen oder auch sich einbürgern lassen können« (Krüger-Potratz 2010, 151 f).

Dieses Zitat zeigt einerseits Veränderungen aus migrationshistorischer Perspektive wie andererseits auch die Notwendigkeit der Etablierung eines neuen pädagogischen Ansatzes.

Inhaltlich kann die Interkulturelle Pädagogik, die mittlerweile unterschiedliche Ansätze hat, wie folgt definiert werden:

»[K]ulturellen Minderheiten und Migranten [wird] besondere Aufmerksamkeit zuteil [...], weil diese in Praxis Gegenstand von Diskriminierungen sind. Die Sensibilisierung für kulturell und ethnisch basierte Vorurteile, Konflikte und Missverständnisse, Fremdenfeindlichkeit und Rassismus sowie der Aufbau und die Stärkung von interkultureller Kompetenz sind ausdrückliche Ziele einer interkulturell verstandenen Bildung und Pädagogik« (Allemann-Ghionda 2013, 43).

Nieke (2008) verweist im Kontext seiner Studien ebenfalls auf die Bedeutung unterschiedlicher Werthaltungen und deren Zusammenhang mit Konfliktpotenzialen, auf welche sich die Interkulturelle Pädagogik auch zu beziehen habe. Aus der von Mecheril (2010, 61) zusammengetragenen Gegenüberstellung lässt sich zusammenfassend ablesen, dass sich die Konzeption und Ausrichtung im Übergang von der Ausländer- hin zur Interkulturellen Pädagogik massiv verändert hat:

Ausgehend von der Diskussion historischer Entwicklungen der pädagogischen Auseinandersetzung mit dem Themenfeld Migration wird im Folgenden konkreter auf das Themenfeld Schule eingegangen.

Tab. 3.5: Ausländer*innenpädagogik und Interkulturelle Pädagogik (Mecheril 2010, 61)

	Ausländer*innenpädagogik	Interkulturelle Pädagogik
Wer gilt als ›Andere*r‹?	Spezifische Andere (›Ausländer*innen‹)	Alle sind (einander) Andere
Unterscheidungskriterium	Pass/Herkunft	Kultur
Thematischer Fokus	(Sprach-)Fertigkeiten	Identität
Unterscheidungskonzept	Defizit	Differenz
Handlungsperspektive	Assimilation	Anerkennung
Handlungskonzept	Förderung, Kompensation	Begegnung, Verstehen

3.3.3 Migration, Flucht und forced migration im Kontext schulischer Bildung

In Deutschland und Österreich wurde das Thema Flucht rund um 2015 wieder sehr aktuell – auch im Schulkontext. Durch die hohe Zahlen ankommender Asylsuchender mussten schnell Lösungen gefunden werden, um allen in das Pflichtschulalter fallenden Kindern und Jugendlichen einen ihnen zustehenden Schulplatz und die notwendige sprachliche Unterstützung (▶ Kap. 3.4) zu garantieren. Besonders präsent ist diese Herausforderung vielen Personen wohl im Zusammenhang mit der Fluchtbewegung rund um das Jahr 2015; sie lässt sich aber auch zu früheren Krisen (z. B. Balkankrieg in den 1990ern) in Bezug setzen. Das Ankommen einer relativ hohen Anzahl neuer Schüler*innen bedurfte der Einstellung von Lehrenden, der Organisation von räumlichen Ressourcen und der schnellen Umsetzung von teilweise provisorischen Curricula, die sich anfangs oft auf die Vermittlung von Sprachfertigkeiten fokussierten. Sogenannte ›Willkommens-‹ oder beispielsweise ›Neu in Wien‹-Klassen wurden geschaffen, in denen meist in heterogenen Gruppen Deutsch unterrichtet wurde.

Geht man, wie eingangs erläutert, von sich überschneidenden Definitionen für Migration aus, ist es auch nicht leicht, detaillierte Informationen über die Zusammensetzung der Schüler*innenschaft in den deutschsprachigen Ländern und ihre genaue Anzahl zu geben. Vor allem rund um 2015 kam es in Deutschland und Österreich zu Verzögerungen und Unschärfen in den Angaben vor allem darüber, wie viele Schüler*innen mit Fluchthintergrund sich aktuell in welchen Schulsettings befinden – aufgrund von negativen Asylentscheiden, Abschiebungen bzw. Ausweisungen nach dem Dublin-Verfahren (das besagt, dass Personen nur dort einen Asylantrag stellen können, wo sie erstmals europäischen Boden betreten) schwankten und schwanken diese Angaben. Die Zahl kann aktuell auf etwa 2 % der gesamten Schüler*innenschaft geschätzt werden. Diese Zahl variiert aber stark zwischen den verschiedenen Regionen der betreffenden Länder. Die weitaus rigidere Asylpolitik der Schweiz impliziert eine geringere Zahl an Asylanträgen und damit eine darunter liegende Anzahl an Schüler*innen mit Fluchthintergrund. Besondere Herausforderungen für die Beschulung von Kindern und Jugendlichen mit Fluchthintergrund ergeben sich auch hinsichtlich der unterschiedlichen Vorbildung, welche innerhalb der unterschiedlichen Herkunftsstaaten und unabhängig vom Geschlecht der zu Beschulenden stark variieren kann. Des Weiteren ist auf die Herausforderungen zu verweisen, die mit einer möglichen Traumatisierung der Kinder verbunden sein kann (UNHCR Österreich 2017).

Aber nicht erst seit aktuellen Fluchtbewegungen nach Europa sind Schulen ein Ort der Diversität hinsichtlich der Herkunft der Kinder oder ihrer Eltern oder Großeltern. Für die deutschsprachigen Länder kann nach Einsicht in aktuelle statistische Datenbestände (Statistik Austria 2016; BFS 2017; DESTATIS 2017) für die Schuljahre rund um 2015 das in der folgenden Tabelle 3.6 Dargestellte für die Anzahl der Schüler*innen mit anderer Staatsbürger*innenschaft als jener des Landes, in dem die Schule besucht wird, bzw. Migrationshintergrund festgehalten werden.

Aus den statistischen Daten lässt sich weiter ableiten, dass auch hier die Verteilung nach Bundesländern (besonders auffällig hierbei

3.3 Migration, Forced Migration und Flucht

Tab. 3.6: Anteil von Schüler*innen mit Migrationshintergrund oder anderer Staatsbürger*innenschaft

Schüler*innen mit anderer Staatsbürger*innenschaft		
DE	33 %	Schüler*innen an allgemeinbildenden mittleren Schulen haben Migrationshintergrund; es ist anzunehmen, dass etwa 60 % davon nicht-deutsche Staatsbürger*innen sind
AT	13 %	Schüler*innen mit ausländischer Staatsbürger*innenschaft
CH	26 %	Schüler*innen mit nicht-schweizer Nationalität

Deutschland mit 36 % in den alten und rund 10 % in den neuen Bundesländern) und auf die unterschiedlichen Schultypen stark variiert. Nach wie vor sind Kinder und Jugendliche mit Migrationshintergrund häufiger in weniger akademischen und eher in berufsbildenden Settings anzutreffen. Vor dem Hintergrund der historischen Entwicklung der pädagogischen Interventionen ist dies wenig überraschend. Auch die Anzahl der Kinder mit Migrationshintergrund in sonderschulischen Bildungseinrichtungen ist nach wie vor auffallend hoch, was unter anderem auf diagnostische Methoden zur Feststellung von Behinderung zurückzuführen ist, welche häufig auf deutscher Sprachkompetenz aufbaut (Kronig 2003). Hierbei ist zu beachten, dass es wiederum einen Unterschied macht, ob der Migrationshintergrund zum Beispiel einer ist, der gleiche Sprache (z. B. innerhalb der deutschsprachigen Länder) impliziert oder eben nicht. In puncto schulischer Bildung herrscht zumindest in Deutschland und Österreich nach wie vor ein monolingualer und monokultureller Habitus in der Ausgestaltung des Curriculums vor, obwohl Schulen schon lange von kultureller Vielfalt geprägt sind.

3.3.4 Ausblick auf Migration und Flucht aus der Perspektive Inklusiver Pädagogik

Das relativ junge Feld der Transkulturellen Pädagogik nimmt darauf Bezug, dass nicht nur eine Perspektive auf Kultur relevant ist. Interkulturelle Pädagogik zielt häufig auf klassische kulturelle Ebenen wie Sprache und nationales Brauchtum. Alleman-Ghionda (2013) verweist weiterführend auf die Relevanz der ökonomischen Situation. Darüber hinaus werden aktuellere Themen – wie zum Beispiel ideologische Überzeugungen und deren Intersektionen – häufig außer Acht gelassen (Aldridge et al. 2014). Als Beispiele könnten etwa Essensgewohnheiten, der Umgang mit Müll (z. B. plastikfreier Haushalt) sowie das Vorhandensein von gleichgeschlechtlichen Elternteilen oder polyamourösen Lebensgemeinschaften genannt werden, die unter Umständen eine Rolle in weiterführenden Bildungskontexten spielen können.

Kritik an der Interkulturellen Pädagogik formiert sich aus den Reihen der Vertreter*innen der migrationspädagogischen Perspektive. Diese orientiert sich am Begriff der natio-ethno-kulturellen Zugehörigkeit und fokussiert auf die Migrationsgesellschaft sowohl aus der Perspektive der Ankommenden als auch der ›Schon-da-Seienden‹. Es gilt,»die durch Migrationsphänomene angestoßene Prozesse der Pluralisierung und der Vereinseitigung und der Entdifferenzierung, der Segregation und der Vermischung *des Sozialen* in den Blick« (Mecheril 2010, 19) zu nehmen. Der aus der Auseinandersetzung mit dem Thema Migration in eine andere Kultur geprägte Begriff der ›Migrationsanderen‹ bezieht sich darauf, dass eine Person ihr Anderssein erst durch eine äußere Zuschreibung erlangt. Von der sogenannten Mehrheitsgesellschaft abweichende Sprachen, Familienformen etc. werden also dadurch relevant, dass sie als abweichend markiert werden. Ist es in einer Gesellschaft also beispielsweise nicht üblich, mehr als ein, maximal zwei Kinder zu haben, werden Familien, die mehrere Kinder haben, dadurch zu Migrationsanderen, dass jemand anmerkt, dass sie (zu) viele Kinder haben.

Nach Mecheril (2010) lässt sich die Interkulturelle Pädagogik in vier Punkten kritisieren:

1. Sie reduziert Migration auf Kultur und präsentiert daher eine verengte oder selektive Perspektive auf das Phänomen Migration.
2. Sie erachtet unterschiedliche Kulturen als voneinander getrennte Einheiten und nicht als miteinander in Beziehung stehenden Komplex.
3. Sie lässt sich im Sinne der ›Ausländer*innenpädagogik‹ vereinnahmen und stellt daher keine wirkliche Neuentwicklung dar.
4. Sie fokussiert auf Sprache und legitimiert so einen Diskurs rund um das Thema ›Rasse‹.

Im Sinne der Migrationspädagogik muss das Phänomen Migration aus einer breiteren, eben auch politischen Perspektive betrachtet werden. Wichtig ist es, an dieser Stelle zu betonen, dass nicht ein kulturelles Merkmal an sich und die Kultur als solche isoliert von anderen Dimensionen wie z. B. Geschlecht, Sprache, Behinderung, soziale Klasse usw. betrachtet werden können. Diese Ebenen hängen häufig zusammen, wie im Kapitel 1 zu Intersektionalität bereits erläutert wurde. Es stellt sich an dieser Stelle also die Frage, ob die Interkulturelle Pädagogik unter Bezugnahme auf Antirassismus-Arbeit und menschenrechtliche Bildungsansätze nicht weitergedacht werden muss, um auf aktuelle bildungspolitische Implikationen reagieren zu können (Allemann-Ghionda 2013). Krüger-Potratz unterstellt ebenfalls einen Unterschied zwischen wissenschaftlicher Auseinandersetzung und gesellschaftspolitischer Notwendigkeit:

> »Die [...] *ausländerpädagogische* Perspektive, die sich auf *das Fremde* oder *die Fremden* [bezieht], spielt in der wissenschaftlichen Arbeit kaum noch eine Rolle, im bildungspolitischen und praktischen Diskurs hingegen immer noch« (Krüger-Potratz 2010, 154, Kursivsetzung im Original).

Nieke (2008) verortet seit den Anschlägen in den USA im Jahre 2011 eine anhaltende Phase des ›Neo-Assimilationismus‹ oder die sogenannte Zwangsakkulturation. Dahinter verbirgt sich der Auftrag an

Bildung, Lernende entsprechend den Vorgaben und Werthaltungen der Kultur der sogenannten Mehrheitsgesellschaft zu bilden und damit die je eigene Kultur – so diese nicht jener der Mehrheit entspricht – zu unterdrücken und etwas ›Höherem‹ unterzuordnen. Diese Entwicklungen sind besorgniserregend und bedürfen im Zuge der Umsetzung Inklusiver Schulen besonderer Berücksichtigung. Die Verquickung rassismuskritischer, menschenrechtlicher und anderer pädagogischer Ansätze – Radtke (2017) spricht hierbei von einer Diversity Pädagogik – sowie einer genügenden Auseinandersetzung mit dieser Thematik im Zuge der Lehrer*innenausbildung können erste Schritte zur Bewältigung dieser Herausforderungen sein.

3.4   Sprachliche Diversität

Dieser Abschnitt führt in den Themenkomplex *sprachliche Diversität* ein – und zwar in vielfältigen Facetten. Dabei beziehen sich die ersten beiden Abschnitte – namentlich ›Sprache und Migration in schulischen Kontexten‹ (Abschnitt 3.4.1.) sowie ›Sprache und Flucht in schulischen Kontexten‹ (Abschnitt 3.4.2.) – auf diejenigen Aspekte, die insbesondere mit Blick auf aktuelle gesellschaftliche, mediale wie auch politische Diskurse in den Vordergrund treten und deren Grundlagen bereits im vorangegangenen Kapitel geschaffen wurden. Weniger breit wahrgenommen und diskutiert wird jedoch die (oftmals lückenhafte) Verwendung der in allen deutschsprachigen Ländern rechtlich voll anerkannten Gebärdensprache in Schule und Unterricht. Hierauf wird sich Abschnitt 3.4.3. beziehen.

Vorab sei jedoch angemerkt, dass sprachliche Diversität nicht ohne den Aspekt der Mehrsprachigkeit zu denken ist. Dieser wiederum ist in aktuellen Schulen und Schulsystemen zentrales Thema, wobei – Hu (2016) folgend – vor allem zwei Perspektiven hervortreten. Mehrsprachigkeit ist demnach folgendes:

Sie ist *Voraussetzung* schulischen (Sprachen-)Lernens. Ein großer Teil der Schüler*innenschaft wächst bereits vor dem Beginn der Pflichtschule mit mehr als einer Sprache bilingual bzw. multilingual auf oder aber erlernt Deutsch als Zweitsprache beim Wechsel ins deutsche, österreichische oder schweizerische Schulsystem.

Sie ist *erklärtes Ziel* schulischer Bildung. Durch das Lernen von Fremdsprachen sollen Schüler*innen Kompetenzen erwerben, um über Landesgrenzen hinweg kommunizieren und Verständnis für die Denkweisen anderer gewinnen zu können. In der Regel ist das jedenfalls Englisch, aber möglicherweise auch Französisch, Latein, Spanisch oder Italienisch. Damit einher geht auch die Forderung, dass Schüler*innen neben der Erstsprache zumindest zwei weitere (europäische) Sprachen beherrschen (Hu 2016, 122 f.). Kaum mitbedacht werden Sprachen wie Albanisch, Serbokroatisch, Türkisch oder Rumänisch.

Im bestehenden Schulsystem wird Deutsch als Erstsprache vorausgesetzt (Yildiz 2011), sodass auf die individuellen fremdsprachlichen Kompetenzen der Schüler*innen keine oder nur kaum Rücksicht genommen wird. Für die nun folgenden Ausführungen gilt, dass hier nicht nur Mehrsprachigkeit, sondern sprachliche Diversität in all ihrer Vielfalt sowohl als Voraussetzung wie auch als erklärtes Ziel schulischer Bildung zu verstehen ist.

3.4.1 Sprache und Migration in schulischen Kontexten

Migration wird im schulischen Kontext des deutschsprachigen Raums insbesondere ab den 1960er Jahren zum Thema (▶ 3.3). Dabei fällt auf, dass migrationsbedingte Heterogenität in den 1960er und 1970er Jahren vordergründig binär verstanden wurde, d. h., dass zwischen deutschsprachigen Kindern und Jugendlichen auf der einen Seite und nicht-deutschsprachigen Kindern und Jugendlichen auf der anderen Seite unterschieden wurde (und in weiten Teilen auch heute noch wird). Dabei wurde für die letztgenannte Schüler*innengruppe nach in kompensatorischen Maßnahmen mündenden Lösungsformen gesucht, die sich im Wesentlichen an so genannte ›Ausländer*innen-Kinder‹ richteten. Sie hatten zum Ziel, sprachliche ›Defizite‹ der nicht-deutschsprachigen gegenüber den deutschsprachigen Schüler*innen zu überwinden (Sturm 2016). Auch Prengel (1995) betont mit Nachdruck, dass in der frühen Phase der so genannten ›Ausländer*innen-Pädagogik‹, aber eben auch bis in die Gegenwart hinein Assimilation als das große zu erreichende Ziel galt – und dazu gehört vor allem auch das Erlernen der Sprache des Ankunftslandes. In dieser vor allem auf Sprache fokussierten Assimilationspädagogik erkennt sie ein Dilemma, das darin besteht, dass »sie einerseits im Interesse der Überlebenschancen der Eingewanderten unverzichtbar ist, dass sie aber zugleich auf einem monokulturellen Weltbild basiert, welches die Heimatkulturen, aus denen die Kinder und Jugendlichen kommen, und die Migrantenkulturen, in denen sie inzwischen leben, ausblendet, ignoriert und damit auch entwertet« (Prengel 1995, 76).

In der Einleitung dieses Kapitels wurde festgestellt, dass sprachliche Vielfalt sowohl Voraussetzung wie auch erklärtes Ziel schulischer Bildung ist. Dies gilt selbstverständlich auch für die durch Migration bedingte Sprachenvielfalt, die durchaus als enorme Ressource betrachtet und damit auch genutzt werden könnte. Allerdings wird gerade in Schulen »die durch Migration erzeugte lebensweltliche Zweisprachigkeit weiterhin als Problem denn als Kompetenz und Ressource wahrgenommen; die damit verbundene Sprachhierarchie ist allgemein bekannt« (Yildiz 2011, 149). Dies hat zur Folge, dass Erstsprachen von migrierten Kindern und Jugendlichen nach wie vor als Lern- und Integrationshemmnisse gewertet werden.

Dem gegenüber stehen Forschungsergebnisse, die den mitunter großen Vorteil von Mehrsprachigkeit deutlich sichtbar machen. So zeigt etwa die Studie ›Deutsch Englisch Schülerleistungen International‹ (kurz: DESI), dass Schüler*innen der 9. Schulstufe mit einer anderen Erstsprache als Deutsch zwar im Vergleich zu ihren Peers im Deutschunterricht deutlich schlechter abschnitten. Im Erlernen der gemeinsamen Fremdsprache Englisch hingegen zeigten diejenigen Schüler*innen, die bereits Deutsch als Fremdsprache erworben hatten, bei sonst gleichen Lernbedingungen (sozialer Hintergrund,

Geschlecht, Bildungsgang) deutliche Vorteile: sie haben in diesem Bereich ihren deutsch-erstsprachigen Mitschüler*innen gegenüber einen Vorsprung von über einem halben Schuljahr (DIPF 2006). Gerade weil migrierte bzw. Schüler*innen mit einer anderen Erstsprache als Deutsch strukturell diskriminiert werden (Gomolla & Radtke 2007), indem innerhalb einer multilingualen Schule ein monolingualer Habitus zum Tragen kommt (Gogolin 2008), ist die mit inklusiver Schule einhergehende grundlegende Reform schulischer Strukturen dazu aufgerufen, vielfältige Sprachen der Schüler*innenschaft als Ressource anzuerkennen anstatt sie weiterhin als Lernhemmnisse zu bewerten. Gelingt es, hier einen Perspektivenwechsel zu erreichen, werden »statt Defiziten bisher unerkannte Potentiale sichtbar« (Yildiz 2011, 149).

Einen Beitrag zur Förderung der Situation von Schüler*innen mit einer anderen Erstsprache als Deutsch vermag der so genannte ›erstsprachliche‹, ›muttersprachliche‹ oder auch ›herkunftssprachliche Unterricht‹ zu leisten. Dieser sieht einerseits die Entwicklung sowie den Ausbau der schriftlichen wie mündlichen Kompetenzen in der individuellen Erstsprache eines Kindes vor, der in Form von Freigegenständen oder unverbindlichen Übungen angeboten werden kann. Andererseits wird in einigen Regionen der deutschsprachigen Länder erstsprachiger Unterricht auch während des laufenden Unterrichts als integrative Form im Team Teaching angeboten – etwa dann, wenn eine größere Anzahl an Schüler*innen einer Klasse sich eine Herkunftssprache teilt. Der Unterricht wird dann in Deutsch abgehalten, jedoch durch eine zusätzliche – erstsprachige – Lehrperson durch Übersetzung der Inhalte in die je benötigte Sprache unterstützt (z. B. BAMF 2010; BMBF 2014).

3.4.2 Sprache und Flucht in schulischen Kontexten

Im Kontext von Kindern und Jugendlichen mit Fluchterfahrung ist zu betonen, dass alle im vorangegangenen Abschnitt angeführten Argumentationslinien auch für diese Zielgruppe geltend gemacht werden können. Dennoch sind hier darüber hinausgehende Aspekte anzuführen: Kinder und Jugendliche, die vor Krieg, bewaffneten Konflikten, politischer Verfolgung, Folter u.ä. – oft monatelang und äußerst dramatisch – fliehen müssen, sind nicht selten in hohem Maße belastet. Im Sinne einer *sequentiellen Traumatisierung* (Becker 2006; Plutzar 2016; UNHCR Österreich 2017) sind nicht nur der ursprüngliche Grund der Flucht, sondern auch die Flucht selbst sowie die (unbestimmt lange) Zeit des Wartens und der Unsicherheit im Ankunftsland als Teil der (möglichen) Traumatisierung zu berücksichtigen. Ebenfalls Teil dieses Prozesses ist die so genannte ›chronifizierte Vorläufigkeit‹ (ebd.), die den inneren Konflikt des Dazugehören-Wollens bzw. Fremd-Seins im Ankunfts- ebenso wie im Herkunftsland bezeichnet; Schüler*innen mit Fluchterfahrung befinden sich nun zwar bereits in Sicherheit, ihre Situation ist aber dennoch weiterhin maßgeblich durch Unsicherheit und Instabilität geprägt. Die schnelle Rückkehr bzw. Aufnahme in die dem Schulalltag inhärenten Strukturen und Abläufe vermag ganz maßgeblich dazu beizutragen, dass Kinder und Jugendliche mit Fluchterfahrung die Vergangenheit gut oder zumindest besser bewältigen können (UNHCR Österreich 2017). Plutzar (2016) führt drei wesentliche Aspekte an, die es mit Hinblick auf den erwarteten und vorausgesetzten Deutscherwerb unbedingt zu beachten gilt – und zwar im Hinblick auf Schüler*innen mit Fluchterfahrung selbst wie auch in der Zusammenarbeit mit deren Eltern:

Leben auf beengtem Raum: Nach der Ankunft im Zielland leben Familien mit Fluchterfahrung zumeist auf maximal beengtem Raum – während des Wartens auf den dauerhaften Aufenthaltstitel oftmals in Flüchtlingscamps, selten aber auch in eigenen oder mit anderen geteilten, aufgrund des minimalen Einkommens jedoch winzigen Wohnungen. Damit einher geht ein Mangel an Intimsphäre, manchmal unzureichender hygienischer Versorgung und knapper oder schlechter Ernährung. Das Lernen von (Sprach-)Inhalten wird dadurch oftmals erschwert.

(Existentielles) Warten: Das Warten auf einen dauerhaften Aufenthaltstitel löst jegliche sinnvolle Zeitstruktur auf – die Zukunft ist

ungewiss; Absehbares und Erwartbares bleiben aus. Und auch nach der Verleihung eines dauerhaften Aufenthaltstitels ist die Zeit des existentiellen Wartens keinesfalls als abgeschlossen zu werten, sondern allenfalls als erleichtert: nun bestimmt das Warten auf Familiennachzug, Deutschkurse und Anerkennung von beruflichen Qualifikationen der Eltern das familiäre Zusammenleben. Auch dies kann zu Erschwernissen im Spracherwerb führen.

Sprachlosigkeit: Personen mit Fluchterfahrung verlieren zumeist den selbstverständlichen Gebrauch der eigenen Erstsprache; der Deutscherwerb wird zur Notwendigkeit. Dies führt oftmals dazu, dass insbesondere geflüchtete Schüler*innen sich weder in der ›alten‹ noch in der ›neuen‹ Sprache ausdrücken können. Nicht oder zumindest nicht ausreichend kommunizieren zu können, wirkt sich maßgeblich auf das individuelle Selbstkonzept aus, denn »man ist nicht mehr, wer man war, und man ist noch nicht, wer man gerne in der neuen Gesellschaft sein möchte« (Plutzar 2016, 118).

Um das Sprachenlernen nach der Flucht zu erleichtern, schlägt dieselbe Autorin vor, den Fokus bei geflüchteten Personen vordergründig auf Beziehungsarbeit zu legen: Nicht nur sollte eine möglichst gute Beziehung zwischen lernenden und lehrenden Personen hergestellt werden, sondern auch die neu zu lernenden Sprache möglichst positiv besetzt werden. Dies gelingt v.a. dann, wenn regelmäßig Bezüge zur Erstsprache, zu aktuellen Befindlichkeiten und/oder zur eigenen Biografie hergestellt werden. Sofern explizit Unterricht für Deutsch als Fremdsprache (DaF) oder Deutsch als Zweitsprache (DaZ) angeboten wird, sollte dieser keinesfalls in beengten, abseits gelegenen oder umfunktionierten Räumen stattfinden, um den Umgang mit sprachlicher Vielfalt auch symbolisch nicht an den Rand zu drängen, sondern in die Mitte der Schule geholt werden. Aufgrund der oben angeführten Faktoren bezüglich der konkreten Lebenssituation geflüchteter Schüler*innen empfiehlt es sich, von Frontalunterricht so weit als möglich abzurücken und das Lernen so interaktiv wie möglich zu gestalten (vgl. Plutzar 2016).

3.4.3 Gebärdensprachen in der Schule

Ein weiteres wichtiges, wenngleich leider oftmals kaum beachtetes Thema im Kontext sprachlicher Diversität ist der Erwerb, der Einsatz und die Verwendung von Deutscher Gebärdensprache (DGS), Österreichischer Gebärdensprache (ÖGS) sowie Deutsch-Schweizer Gebärdensprache (DSGS) in der Schule. Obwohl es sich bei allen dreien um vollkommen eigenständige Sprachsysteme mit je eigenem Wortschatz, Syntax und Grammatik handelt, wird ihre Verwendung oftmals in den Bereich der traditionellen Sonderpädagogik abgeschoben. In weiterer Folge werden gebärdensprachige Kinder und Jugendliche tendenziell als behindert klassifiziert und dadurch der gleichberechtigte Spracherwerb in der Schule erschwert oder gar verhindert. Dies ist auch insofern problematisch, als die rechtliche Anerkennung der jeweiligen Gebärdensprache in Deutschland und Österreich vollständig gegeben ist, wohingegen in der Schweiz derzeit noch dringender Nachholbedarf besteht. Mit der vollen rechtlichen Anerkennung geht einher, dass die Gebärdensprache des jeweiligen Landes gleichzusetzen ist mit Deutsch als Amts- und Staatssprache sowie anderen anerkannten Minderheitensprachen. Konkret bedeutet dies, dass zumindest in Deutschland und Österreich niemandem verwehrt werden darf, DGS bzw. ÖGS auch in offiziellen Kontexten zu verwenden – und Schule und Unterricht sind freilich als solche zu werten. Bei Bedarf sind Dolmetsch-Leistungen zur Verfügung zu stellen.

Warum aber ist es wichtig, diese rechtlichen Rahmenbedingungen anzuführen? Zunächst ist festzuhalten, dass gebärdensprachige Personen als kulturelle und sprachliche Minderheit in Deutschland und Österreich anerkannt werden und dementsprechend eben *nicht* entlang eines diagnostischen Kriterienmanuals als behindert zu klassifizieren sind. Dies ist auch nicht notwendig, denn tauben und schwerhörigen Personen steht mit der DGS, der ÖGS und der DSGS ein eigenständiges, natürliches und ohne Einschränkungen anzuwendendes Sprachsystem zur Verfügung, das jedenfalls um die deutsche Schriftsprache und – allerdings nur sofern tatsächlich möglich –

auch um die mündliche Lautsprache ergänzt wird (Grosjean 2012, 12). Damit einher geht auch, dass Gebärdensprachen eben nicht ausschließlich von tauben oder schwerhörigen Personen genutzt werden, sondern auch von jedem anderen Menschen erlernt und angewandt werden können. Darüber hinaus weist mit den so genannten CODAs (Children of Deaf Adults) eine nicht unbedeutende Anzahl an Personen Gebärdensprache als Erstsprache auf; alle weiteren Sprachen – und hier vor allem auch Deutsch bzw. die deutsche Lautsprache – muss von ihnen als Zweit- bzw. Fremdsprache erlernt werden. Dennoch wird von tauben und schwerhörigen Kindern bzw. Jugendlichen verlangt, dass sie sich Deutsch als orale Sprache aneignen. In der groß angelegten Studie ›Sprache Macht Wissen‹ z. B. konnte nachgewiesen werden, dass in Schulen vorwiegend lautsprachlich orientierte, audistische Konzepte angewandt werden, die Assimilation verlangen und mit dem Stichwort ›Integration‹ begründet werden (Krausneker und Schalber 2007). Schule und Unterricht kommt hier insofern eine besonders unrühmliche Rolle zu, als »Einrichtungen, die für die Bildung und Behandlung Gehörloser bestimmt waren, die Normalität im hörenden und sprechenden Subjekt verkörpert [sahen], wodurch die gehörlose und gebärdende Person in die Kategorie ›oraler Misserfolg‹ fiel« (Bauman & Murray 2014, 21). Ausgehend von dieser Argumentationslinie wurden und werden tauben oder schwerhörigen Babys bzw. Kleinkindern Cochlea Implantate (so genannte CIs) chirurgisch eingesetzt, die das Hörvermögen verstärken sollen. Allerdings ist festzuhalten, dass »nicht die Implantate selbst eine Bedrohung darstellen, sondern die pädagogischen Methoden, die man für Kinder mit Cochlea-Implantaten entworfen hat« (ebd., S. 23), denn auf der Grundlage dieser nach wie vor gängigen Praxis werden die jeweiligen Gebärdensprachen in den deutschsprachigen Ländern auch als Bildungssprache in Schule und Unterricht negiert oder an den Rand gedrängt. Daraus folgt, dass die Bildungsmöglichkeiten für taube, schwerhörige oder gebärdensprachige Personen im Vergleich zur hörenden Population eingeschränkt sind – und zwar insbesondere im sekundären und tertiären Bildungssektor.

In weiterer Folge wirkt sich diese mangelnde Chancengleichheit auf die auf geringeren Ausbildungsniveaus basierenden beruflichen Möglichkeiten aus (Krausneker & Schalber 2007).

Um Gebärdensprachen gleichberechtigt in den Unterricht aufnehmen zu können, empfiehlt sich Teamteaching in Form gemeinsamen Unterrichts zweier Lehrpersonen, welche sowohl in DGS/ÖGS/DSGS als auch in Deutsch in allen Unterrichtsstunden Bildungsinhalte erarbeiten. Darüber hinaus sollte DGS, ÖGS bzw. DSGS als Unterrichtsfach angeboten werden (Kramreiter 2015). Um dies jedoch gewährleisten zu können, müssen sowohl ausreichend personelle wie auch materielle Ressourcen zur Verfügung gestellt werden: Nach wie vor existieren kaum Schulbücher und Unterrichtsmaterialien, die auf Gebärdensprachen aufbauen; zudem müssen spezifische räumliche Aspekte beachtet werden, um gebärdensprachigen Unterricht zu ermöglichen. Lehrpersonen sollten innerhalb ihrer Ausbildung (anstatt – wie allzu oft – in ihrer Freizeit) DGS, ÖGS oder DSGS lernen, um ausreichend sprachliche Kompetenzen bereits *vor* Beginn des gemeinsamen Unterrichts mit gebärdensprachigen Schüler*innen entwickelt zu haben (Krausneker und Schalber 2007).

3.4.4 Ausblick auf sprachliche Diversität im Kontext Inklusiver Schule

Mit Blick auf die vorangegangenen Abschnitte kann zusammenfassend festgehalten werden, dass Sprachen in der Schule unterschiedlich bewertet werden: Zunächst haben wir es mit im Lehrplan vorgesehen Sprachen wie Englisch, Französisch, Spanisch usw. zu tun, die offensichtlich als erstrebenswert zu lernen befunden wurden. Weiters trifft im bestehenden Schulsystem mitunter eine bunte Vielfalt an gesprochenen Erstsprachen aufeinander, die allerdings kaum als Chance, sondern im Sinne einer Assimilationspädagogik vielmehr als Integrationshemmnis gewertet wird (Prengel 1995; Sturm 2016). Schließlich begegnen wir mit der deutschen und der österreichischen Gebärdensprache (im Unterschied zur Deutsch-

Schweizer Gebärdensprache) rechtlich voll anerkannten Sprachsystemen, die in Schulkontexten jedoch (zumindest tendenziell) in die Sonderpädagogik abgeschoben werden.

Eingangs zu diesem Abschnitt wurde festgehalten, dass Mehrsprachigkeit sowohl Voraussetzung schulischen (Sprachen-)Lernens als auch erklärtes Ziel schulischer Bildung ist (Hu 2016). Sofern sich Inklusive Schule dazu bekennt, Vielfalt anzuerkennen und zu leben, ist sie dazu aufgerufen, sprachliche Diversität als zu nutzende Chance zu begreifen und damit sinnstiftend umzugehen. Damit ist keinesfalls gemeint, dass Deutsch als Schul- und Unterrichtssprache in den Hintergrund treten muss – der Deutscherwerb ist notwendig, um vor, während und nach der Schule gut leben zu können. Allerdings sollte, um der Hegemonie der Assimilationspädagogik entgegentreten zu können, eine Rückbesinnung auf den Nutzen wechselseitigen Lernens erfolgen: viele Sprachen kennenzulernen, sich ihrer bedienen oder zumindest einige Phrasen nutzen zu können, ist zum Vorteil aller Schüler*innen wie auch ihrer Lehrpersonen. Sprachliche Diversität kann so lustvoll besetzt werden.

3.5 Behinderung

Im folgenden Abschnitt wird in die Heterogenitätsdimension ›Behinderung‹ Einblick gegeben, indem zunächst ausgewählte Behinderungsmodelle hergeleitet und vorgestellt werden. Daran anschließend werden die Behindertenbewegung sowie die Selbstvertretungs- und People First-Bewegung in ihren Entstehungszusammenhängen beleuchtet, sodass die damit eng verwobene theoretische Rahmung der Disability Studies nachvollziehbar dargestellt werden kann. Dies zum Ausgangspunkt nehmend, widmet sich der nachfolgende Abschnitt der Konstruktion von Behinderung. Abschließend wird auf schulische Inklusion im Kontext von Behinderung eingegangen.

3.5.1 Behinderungsmodelle

Das wissenschaftliche Interesse an und damit verbunden die Differenzierung von unterschiedlichen Ausprägungen von Behinderung – auch einhergehend mit spezifischen Lehrplänen und Unterrichtsformen – entwickelte sich unter maßgeblichem Einfluss der Aufklärung, aber auch der sich langsam durchsetzenden industriellen Revolution ab dem 18. Jahrhundert. Die Auffassung von Behinderung entstammt vordergründig medizinischen Zugängen und Verantwortlichkeiten. Pädagogische Tätigkeiten (und hier insbesondere auch schulische Belange) übernehmen die daraus abgeleiteten Klassifikationen und ordnen sich einer medizinischen Hoheit unter.

Diese Perspektive reproduziert sich bis in die Gegenwart hinein in gesamtgesellschaftlichen Diskursen sowie in (sozial-)politischen Policies und Gesetzgebungen. Seit etwa den 1980er-Jahren wird dieser Zugang als *medizinisches Modell von Behinderung* oder auch als *individuelles/individualistisches Modell von Behinderung* gerahmt und bezeichnet. Entsprechend des medizinischen Modells erfolgt die Auseinandersetzung mit Behinderung ausschließlich entlang eines medizinisch zu diagnostizierenden Defekts, der am einzelnen Individuum angesiedelt ist und als ›persönliche Tragödie‹ (vgl. Goodley 2011) interpretiert wird. In der Konsequenz werden vordergründig therapeutische wie auch medikamentöse Behandlungen, Rehabilitationsmaßnahmen, Kuren und Heilverfahren, aber auch chirurgische Eingriffe als professionelle Handlungen verstanden, wohingegen pädagogische und/oder die Bedarfe der betreffenden Person und ihrer konkreten Lebenssituation berücksichtigende Ansätze in den Hintergrund treten.

Seinen Ursprung im medizinischen Modell nehmend, führt in den westlichen Ländern das Rehabilitationsparadigma insbesondere in den 1970er und 1980er Jahren zu einem massiven Ausbau von Behandlungs- und Arbeitsprogrammen mit dem Ziel, behinderte Menschen (wieder-)einzugliedern. Darauf aufbauend entwickelte die Weltgesundheitsorganisation (WHO) die *Classification of Impairments, Disabilities and Handicaps*, die in ihrer Kurzform als ICIDH bezeichnet wird (WHO 1980). Die ICIDH unterscheidet zwischen impairment als somatischem Aspekt, disability als personalem Faktor und handicap als gesellschaftlicher Auswirkung. In der deutschen Übersetzung dieser drei Ebenen wird impairment tendenziell mit Beeinträchtigung – der physischen Ursache von Behinderung – gleichgesetzt, wohingegen disability mit Behinderung übersetzt wird und die aus impairment/Beeinträchtigung resultierenden gesellschaftlichen Benachteiligungen adressiert (Biewer 2017). Wenngleich für die ICIDH eine medizinische Auffassung nach wie vor eine große Rolle spielt, wird mit ihr durch die erstmalige Benennung unterschiedlicher zu Behinderung führender Faktoren das *bio-psycho-soziale Modell von Behinderung* grundgelegt.

Modifiziert und erweitert wird das bio-psycho-soziale Modell von Behinderung in der ICF – der *International Classification of Functioning, Disability and Health* (WHO 2005). Entgegen ihrer Vorgängerinnenversion bezieht die ICF nicht nur Krankheits- und Behinderungsfaktoren mit ein, sondern berücksichtigt auch Aspekte der Gesundheit. Dadurch kann die ICF auf und für die Funktionsprofile aller Menschen Anwendung finden und beschränkt sich nicht ausschließlich auf behinderte Personen. Ins Zentrum rücken hier die Komponenten

- Körperfunktionen (physiologische bzw. organische, psychische und mentale Funktionen wie z. B. Orientierung, Temperament etc.)
- Körperstrukturen (organische Bestandteile des Körpers wie Organe und Gliedmaßen)
- Aktivität (Durchführung einer Aufgabe oder Handlung)
- Partizipation/Teilhabe (Einbezogenheit eines Menschen in eine Lebenssituation oder in einen Lebensbereich)
- Umweltfaktoren (materielle und gesellschaftliche Umgebung, in der ein Mensch lebt)
- Personenbezogene Faktoren (Aspekte, die ausschließlich mit der betreffenden Person zu tun haben wie Name, Geburtsdatum, Alter, Lebensstil etc.) (WHO 2005; Biewer 2017).

3 Dimensionen der Vielfalt und pädagogisches Handeln

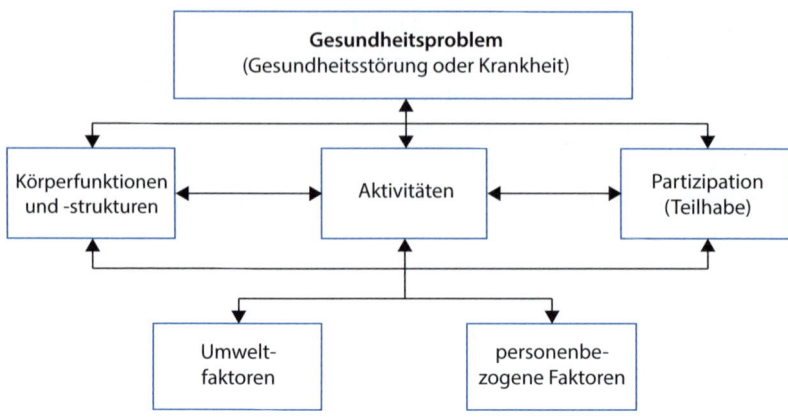

Abb. 3.4: Komponenten der ICF und deren Wechselwirkung (erstellt in Anlehnung an WHO 2005)

Begründet im Widerstand gegen den gängigen Zugang, Behinderung ließe sich ausschließlich auf ein medizinisch zu legitimierendes Defizit zurückführen, etablierte sich innerhalb der Behindertenbewegung bzw. der Disability Studies (▶ Kap. 3.5.4) das *soziale Modell von Behinderung*. Als Meilenstein hierfür gilt die Formulierung der ›Fundamental Principles of Disability‹ der ›Union of the Physically Impaired against Segregation‹ (UPIAS) im Jahr 1976. Demnach ist Behinderung nicht etwas, das ausschließlich in einzelnen Personen entsteht oder angesiedelt ist, sondern von außen an Menschen herangetragen wird: Es ist die Gesellschaft, die behindert, indem behinderte Menschen isoliert und von Teilhabemöglichkeiten ausgeschlossen werden – und zwar auf der Grundlage von Beeinträchtigungen (hier im Sinne von physischen Ursachen/impairment). Behinderte Menschen können demzufolge als unterdrückte gesellschaftliche Gruppe angesehen werden; Behinderung selbst wird zum Unterdrückungsmerkmal. Behinderung entsteht, manifestiert und reproduziert sich demnach entlang sozialer Interaktionen und innerhalb eines gesellschaftlichen Gefüges. Die Praxis, behinderte Schüler*innen segregierten Schulen zuzuführen, ist als Ausdruck eines ›behindert Werdens‹ zu werten. Das soziale Modell von Behinderung bildet den Ausgangspunkt für die Entwicklung einer Reihe weiterer alternativer Modelle von Behinderung und versteht sich selbst nicht als ultima ratio. Im deutschsprachigen Raum wohl am prominentesten vertreten ist neben dem sozialen Modell das kulturelle Modell von Behinderung, demzufolge es nicht genügt, Behinderung als individuelles Schicksal oder diskriminierte Randgruppenposition zu kennzeichnen. Vielmehr geht es um ein vertieftes Verständnis der Kategorisierungsprozesse selbst, um die Dekonstruktion der ausgrenzenden Systematik und der mit ihr verbundenen Realität. Nicht nur Behinderung, sondern auch ihr Gegenteil, die gemeinhin nicht hinterfragte ›Normalität‹ soll in den Blickpunkt der Analyse rücken. Denn behinderte und nicht behinderte Menschen sind keine binären, strikt getrennten Gruppierungen, sondern einander bedingende, interaktiv hergestellte und strukturell verankerte Komplementaritäten (Waldschmidt 2005, o.S.).

3.5.2 Behindertenbewegung, Selbstvertretung und Disability Studies

Das soziale Modell von Behinderung wurde aus konkreten Behinderungs*erfahrungen* betroffener Personen und über weite Strecken hinweg von ihnen selbst entwickelt. Es ist als Ergebnis des aktiven Widerstands gegen soziale Unterdrückung zu werten. Akteur*innen dieses Widerstandes schlossen sich spätestens ab Ende der 1960er bzw. Anfang der 1970er Jahre in zunächst lokalen und später auch in internationalen Graswurzel-Bewegungen zusammen, die heute als *Behindertenbewegung* oder auch als *Selbstbestimmt-Leben-Bewegung* bekannt sind. Parallel zur Behindertenbewegung, von ihr jedoch nur marginal mitgedacht, entwickelte sich die *Selbstvertretungs- oder People First-Bewegung* von Menschen mit Lernschwierigkeiten. Sie nimmt ihren Ausgang in den USA und (Nord-)Europa; im deutschsprachigen Raum etablierte sie sich mit Anfangszeiten in den 1990ern mit deutlicher Verzögerung (Schönwiese 2016). Ihre

Ziele sind neben der Forderung nach Gleichberechtigung und Bürger*innenrechten u. a. auch die Verwendung von so genannter ›Leichter Sprache‹ oder die Abschaffung des Begriffs ›geistige Behinderung‹ aufgrund seiner diskriminierenden Implikationen (an Stelle dessen kommt der Terminus ›Menschen mit Lernschwierigkeiten‹ zum Einsatz). Die Behinderten- sowie die Selbstvertretungsbewegung zählen zu den so genannten ›Neuen Sozialen Bewegungen‹, die im letzten Viertel des 20. Jahrhunderts erstarkten und deutlich zu Reformen und Umstrukturierungen im sozialen Zusammenleben beitrugen (Prengel 1993). Für den Kontext Schule sind sie insofern von besonderer Bedeutung, als hier Forderungen nach einer gemeinsamen Beschulung aller Kinder bereits sehr früh – ab den frühen 1980ern – laut wurden.

Die Behindertenbewegung nahm aber auch aktiv Einfluss auf die Forschungs- und Wissensproduktion: Aus dem Zusammenschluss wissenschaftlich tätiger Akteur*innen der Behindertenbewegung entwickelten sich in den späten 1960er und frühen 1970er Jahren die *Disability Studies* als explizit interdisziplinärer forschungs-, praxis- und theoriestiftender Ansatz. Ihre Zielsetzung ist es, die Erfahrung, behindert zu *werden* (im Unterschied zur Zuschreibung, behindert zu *sein*), mit sozial- und kulturwissenschaftlichen Mitteln zu erforschen, um auf diese Weise die auf Nicht-Behinderung basierenden gesellschaftlichen Praktiken zu dekonstruieren. Darüber hinaus stellen die Disability Studies an sich den Anspruch, nicht nur Forschung, Theoriebildung und Wissensproduktion durch behinderte Menschen und/oder deren Verbündete voranzutreiben, sondern mit Hilfe wissenschaftlicher Tätigkeiten konkrete soziale Veränderungen herbeizuführen. Die Disability Studies lehnen Klassifikationen und Etikettierungen explizit ab, wodurch ein Naheverhältnis zur (schulischen) Inklusiven Pädagogik (▶ Kap. 1) deutlich sichtbar wird. Mit den ›Disability Studies in Education‹ hat sich ein eigener Strang der Disability Studies etabliert, der sich insbesondere der sozialen Konstruktion von Behinderung in und durch Schule widmet. Zudem geht auch hier Forschung und Wissenschaftsproduktion Hand in Hand mit dem Streben nach konkreter Veränderung – und damit mit der Suche nach Möglichkeiten, Vorschlägen, Tipps und Tricks für ein inklusives Schulsystem (Greenstein 2016).

3.5.3 Zur Konstruktion der Kategorie Behinderung (in schulischen Kontexten)

Behinderung wird insbesondere innerhalb der Disability Studies als soziale Konstruktion begriffen. Einige Ansätze, die dieses Thema fokussieren, werden hier kurz samt ihrer Implikationen für schulische Kontexte vorgestellt.

Eng an die Ursprünge des sozialen Modells von Behinderung angebunden ist der sogenannte *materialistische Zugang zu Behinderung*, wie er z. B. bei Oliver & Barnes (2012) beschrieben wird. Er bezieht sich insofern auf die materialistische Interpretation der Geschichte bei Marx und Engels (2016), als diesem Zugang folgend Behinderung als Unterdrückungskategorie vor allem bedingt durch kapitalistische Gesellschaftssysteme sozial konstruiert wird: Ausgehend von der Trennung in wirtschaftlich ›verwertbare‹ und ›unbrauchbare‹ Menschen (▶ Kap. 3.5.1) wird gefolgert, dass insbesondere letztere sowohl in sozialen wie auch in Bildungsbelangen ein ›Problem‹ seien. Auf dieser Grundlage werden sie in spezialisierten Einrichtungen – auch Sonderschulen – ›verwahrt‹; der Zugang zu Bildung und zum Arbeitsmarkt wird ihnen über weite Strecken erschwert oder gar verunmöglicht. Behinderung wird hier nicht nur sozial konstruiert, sondern im wahrsten Sinne des Wortes auch produziert, indem sich rund um den sozialen Ausschluss von behinderten Menschen ein ganzer ›Industriezweig‹ entwickelt hat, der sich durch die beständige Reproduktion von Behinderung selbst erhält. Ein solcher ›Industriezweig‹ ist das Sonderschulsystem, das nicht nur die Gebäude selbst sowie die darin tätigen (Lehr-)Personen umfasst, sondern mit dem auch eine eigene, höchst ausdifferenzierte Lehrer*innen-Ausbildung mit einschlägigen Lehrstühlen entlang kategorialer Zuschreibungen einhergeht.

Behinderung kann zudem eng im Zusammenhang mit Leistung bzw. Leistungsfähigkeit gedacht werden. Das dialektische Verhältnis dieser Dimensionen fällt insbesondere im englischen Sprachgebrauch auf, wo ›ability‹ für Fähigkeit, Leistungsfähigkeit, Können oder auch Vermögen steht und sich mit ›*dis*ability‹ – Behinderung, wörtlich jedoch *Un*fähigkeit – denselben Wortstamm teilt. Dabei wird deutlich, dass Leistung(-sfähigkeit) und Behinderung einander wechselseitig bedingen, d. h. Leistung(-sfähigkeit) kann nicht ohne Behinderung gedacht werden und vice versa. Um diese Dialektik auch im Schriftbild kenntlich zu machen, schlägt Goodley (2014) vor, die Schreibweise *Dis/Ability* zu verwenden. Diese Denkfigur fokussiert auf die Auseinandersetzung mit einer Leistungsgesellschaft, in der zugeschriebene Leistungsunfähigkeit oder -einschränkung zu sozialem Ausschluss führt, wohingegen besonders leistungsfähige Personen hohe soziale Anerkennung erfahren. Der Institution Schule kommt dabei insofern eine Schlüsselrolle zu, als der ihr inhärente Leistungsethos solcherlei Zuschreibungen grundzulegen und zu verfestigen vermag und sich damit zumindest potentiell – ganz im Sinne ihrer Allokationsfunktion – auch auf den zukünftigen sozialen Status einer Person auswirkt. Die Leistungsorientierung von Schule spiegelt sich direkt in staatlich vorgegebenen Lehrplänen und damit einhergehenden verpflichtenden Leistungsstandards wider.

Weisser (2007; 2010) definiert Behinderung als historischen Konflikt zwischen Fähigkeiten und Erwartungen. Fähigkeiten können sich demnach vor allem deshalb nicht frei entfalten, weil an sie Erwartungen gebunden sind, die den Möglichkeitsraum von Menschen maßgeblich einschränken. Der Effekt von solcherlei Erwartungen wiederum ist, dass von den Erwartungen abweichendes Geschehen als Störung sichtbar wird. Und obwohl die Irritation tatsächlich auf dem Konflikt zwischen Fähigkeit und Erwartung – also einer situativen sozialen Interaktion – beruht, wird in sozialen Interaktionen lediglich auf die Störung und eben nicht auf ihren Ursprung fokussiert: Anstatt das soziale Verhältnis der handelnden Akteur*innen in den Blick zu nehmen, wird die Irritation ausschließlich der vermeintlich störenden Person zugeschrieben, die dann als ›Problem‹ wahrgenommen wird. Für den Kontext Schule ist dies insofern von Bedeutung, als Erwartungen an die Fähigkeiten von Schüler*innen klar definiert werden, sodass der Möglichkeitsraum eben jener massiv eingeschränkt wird. Erfüllen Schüler*innen diese an sie herangetragenen Erwartungen nicht, wird die daraus resultierende Irritation zumeist mit einem Diagnoseprozess bzw. der Feststellung eines sonderpädagogischen Förderbedarfs (SPF) sanktioniert. Die Zuschreibung eines SPF wirkt sich darüber hinaus massiv auf die individuellen (Arbeits-)Biographien der davon betroffenen Personen aus; die ursprüngliche Irritation verfestigt sich in den jeweiligen Lebensverläufen. Weisser (2007; 2010) bezeichnet diesen Zugang als *anti-essentialistische Theorie von Behinderung*.

Pfahl (2011) wiederum identifiziert anhand der eingehenden Untersuchung des deutschen Bildungswesens *Techniken der Behinderung* und fokussiert dabei im Speziellen auf den deutschen Lernbehinderungsdiskurs. Die soziale Konstruktion von Behinderung erfolgt diesem Ansatz entsprechend vor allem im (Sonder-)Schulsystem, indem für Kinder und Jugendliche mit (vermeintlich) ›individuellen Defiziten‹ ein ›gesonderter Bildungsanspruch‹ konstruiert wird, der in räumlicher Segregation an Sonderschulen – einhergehend mit einem klassifizierten ›besonderen pädagogischen Förderbedarf‹ – mündet. Innerhalb der Sonderschule beginnen die mit (Behinderungs-)Zuschreibungen versehen Schüler*innen, sich selbst als behindert wahrzunehmen. In weiterer Folge wirkt sich diese verinnerlichte Zuschreibung auf das gesamte Leben nach der Schule aus, indem ehemalige Sonderschüler*innen sich z. B. am Übergang zum Arbeitsmarkt als ›anders‹ oder ›hilfsbedürftig‹ wahrnehmen. Demzufolge wird Sonderschule zum ›Ort der Behinderung‹, denn hier wird (Lern-)Behinderung sozial konstruiert, indem sie »festgestellt, aufgeschrieben und im wechselseitigen Handeln inszeniert wird« (ebd., 250).

3.5.4 (Schulische) Inklusion im Kontext von Behinderung

Ausgehend davon, dass ›Fehler‹ oder ›Defizite‹ eben *nicht* am Individuum anzusiedeln sind, wendet sich das Inklusionsprinzip (▶ Kap. 1) explizit von einer medizinischen Auffassung von Behinderung ab: entgegen der Praxis von und in Sonderschulen bzw. auch integrativer Schulen zielt es, ausgehend von den Rechten *aller* Schüler*innen, auf eine strukturelle Neuausrichtung von Schulen bzw. des Schulsystems (Biewer 2017). Ohne eine solche (durchaus radikale) Veränderung ist inklusive Schule auch nicht zu denken, denn schließlich gilt hier der Ansatz, dass sich Schulen den individuellen Bedürfnissen ihrer Schüler*innen anzupassen haben anstatt – wie dies bislang üblich war und ist – die umgekehrte Strategie durchzusetzen. Grundlagen für eine solche fundamentale Neuausrichtung finden sich in Dokumenten wie der ›Salamanca-Erklärung‹ der UNESCO (1994) und insbesondere dem ihr angegliederten Aktionsrahmen (▶ Kap. 1) sowie der UN-Behindertenrechtskonvention (▶ 2.2.4). Aber nicht alle Akteur*innen im Bildungssystem befürworten eine solche grundlegende Veränderung, ebenso wie weite Teile der Gesellschaft der Einführung eines durchgängig inklusiven Schulsystems tendenziell skeptisch gegenüber stehen. Diese Skepsis geht oft mit Angst vor den damit verbundenen Herausforderungen einher: Sofern inklusive Schule zur Regel werden soll und nicht Utopie bleiben darf, sind vielfältige Hürden und Barrieren zu beseitigen. Im Kontext von Behinderung betrifft dies vor allem auch die Frage nach dem Umgang mit ausdifferenzierten Lehrplänen sowie z. B. der Feststellung des so genannten Sonderpädagogischen Förderbedarfs (SPF). Derzeit völlig offen ist auch, wie die Einführung eines solchen umfassend inklusiven Schulsystems durch- und umgesetzt werden kann, denn schließlich kann erst dann von ›echter‹ Inklusion gesprochen werden, wenn sich *alle* Schulen bedingungs- und ausnahmslos zur Aufnahme aller Schüler*innen bekennen. Die damit einhergehende Frage nach der Finanzierung und Ressourcenverteilung bleibt ebenfalls zu klären.

Mit Bezugnahme auf eben jene Herausforderungen beschreibt Norwich (2007) drei Dilemmata, welche er mit ›Dilemmas of Difference‹ betitelt und die sich wie folgt veranschaulichen lassen:

1. Identification Dilemma: Der Autor stellt in Frage, ob es vor dem Hintergrund der Notwendigkeit einer medizinischen und/oder psychologischen Diagnostik, wie diese in deutschsprachigen Ländern nach wie vor gegeben ist, überhaupt Inklusion geben kann.
2. Location Dilemma: Damit ist gemeint, dass es, solange es Sonderschulen gibt und Kinder diesen theoretisch zugeteilt werden können, auch keine volle Inklusion geben kann.
3. Curriculum Dilemma: Dies referenziert darauf, dass das Vorhandensein und die theoretische Zuteilungsmöglichkeit zu unterschiedlichen Curricula ein relevanter Faktor in Bezug auf die Umsetzung von ganzheitlicher Inklusion sein kann.

Der Blick in erfolgreich umgesetzte inklusive Schulsysteme aus anderen Ländern bietet jedoch eine Möglichkeit, dieser Skepsis zu begegnen. Das Rad muss nicht neu erfunden werden, denn es können einige Beispiele und adaptierbare Vorlagen zur Umsetzung schulischer Inklusion herangezogen werden. So finden sich u. a. in den USA und in Kanada sowie in Großbritannien und Skandinavien Good Practice-Beispiele sowohl einzelner inklusiver Schulen wie auch inklusiver Schulregionen. Im Kontext der Auflösung von Sonderschulen kann Italien als Beispiel herangezogen werden, wo diese Schulform seit 1977 flächendeckend nicht mehr existiert und wo die Tendenz hin zu inklusiver Beschulung deutlich erkennbar ist. Neben der Politik erweisen sich insbesondere Lehrpersonen als besonders bedeutsam, weil sie die Umsetzung inklusiver Schule vorantreiben oder aber hinauszögern können. Neben Lehrpersonen und Pädagog*innen müssen aber auch wissenschaftlich tätige Personen innerhalb der Bildungs- und Erziehungswissenschaft im Kontext der Umsetzung eines nachhaltig wirksamen inklusiven Schul- und Bildungssystems adressiert werden: Die verstärkte Zusammenarbeit von Theorie und Praxis ist zur Erreichung dieses Ziels unabdingbar.

3.6 (Hoch-)Begabung

Der nachfolgende Abschnitt gibt einen Überblick über unterschiedliche Konzepte von (Hoch-)Begabung und mögliche pädagogische Maßnahmen. Der Begriff Hochbegabung ist auch im Alltagsverständnis vertreten. Wenn wir an die Naturwissenschafterin Marie Curie, den Komponisten Ludwig van Beethoven oder den Schachweltmeister Anatoli Karpow denken, sind sich die meisten Menschen schnell darüber einig, dass diese drei Personen Besonderes geleistet haben und dass bei ihnen besondere Begabungen vorausgesetzt werden können. Eine Hochbegabung dürfte daher wohl von den meisten Menschen für diese drei Personen unterstellt werden. Was eine Hochbegabung allerdings tatsächlich ist, muss aber noch geklärt werden.

3.6.1 Definitionen, Theorien und Modelle

Der Anteil hochbegabter Kinder wird in Studien zwischen 1 % und 20 % aller Kinder einer Alterskohorte angegeben. Allein diese Zahlen, die bekannte Hochbegabungsforscher*innen ihren Untersuchungen zugrunde legten, zeigen, dass unter Hochbegabungen wohl tatsächlich sehr Unterschiedliches verstanden werden kann, vergleichbar mit den Versuchen, Behinderung inhaltlich zu fassen (▶ Kap. 3.5).

Wer den Begriff Hochbegabung verwendet, stößt sehr schnell auf das Problem weit differierender Definitionen sowie sich unterscheidender Kriterien. In Anlehnung an den Hochbegabungsforscher Sternberg nennt Ziegler (2017, 14) fünf Kriterien, die erfüllt werden müssen, um von Hochbegabung zu sprechen: Exzellenz, Seltenheit, Produktivität, Beweisbarkeit und das Wertkriterium, dass es sich um etwas handelt, was die Gesellschaft für wichtig erachtet und schätzt.

Ebenso ist im Kontext sich unterscheidender Definitionen und Kriterien anzuführen, dass in der Hochbegabungsforschung schon sehr früh zwei unterschiedliche Zugänge zum Konzept auftraten:

Einmal konnte Hochbegabung als Potential bzw. *Disposition* betrachtet werden. In einem anderen Zugang wurde die erbrachte *Leistung* als wichtigstes Kriterium genannt. Die Sichtweise von Hochbegabung als Disposition führte zu dem Konzept des ›underachievers‹. Gemeint ist damit diejenige Person, die Leistungen erbringen könnte, weil sie über entsprechendes Potential verfügt, diese aber aus den unterschiedlichsten Gründen nicht zustande bringt oder ausführt. Vertreter*innen dieses Konzepts in der Pädagogik sehen es daher als ihre Aufgabe, auf die Aktivierung vorhandenen und nicht genutzten Potentials hinzuweisen, damit entsprechende Leistungen folgen können.

Holling und Kanning (1999, 5 ff) unterscheiden in ihrer Übersicht fünf Klassen von Definitionen der Hochbegabung. *IQ-Definitionen* nennen als Kriterium für das Vorliegen einer Hochbegabung das Überschreiten eines Grenzwerts des Intelligenzquotienten (z. B. IQ 130). *Prozentsatzdefinitionen* besagen, dass ein bestimmter Anteil der Bevölkerung (z. B. 2 %) hochbegabt ist. Die Prozentränge können unterschiedlich sein, abhängig von der zugrunde liegenden Theorie. *Talentdefinitionen* bezeichnen solche Personen als hochbegabt, die in einem spezifischen (z. B. künstlerischen) Bereich besondere Leistungen erbringen. *Ex-post-facto Definitionen* zielen darauf, dass hervorragende Leistungen bereits erbracht wurden – mit der Folge, dass damit Hochbegabung erst im Nachhinein festgestellt werden kann. *Kreativitätsdefinitionen* wiederum zielen auf besonders originelle und produktive Leistungen, etwa auch im künstlerischen Bereich.

IQ-Definitionen und Prozentsatzdefinitionen sind einander recht ähnlich, da Hochbegabung hier über ein zahlenmäßiges Kriterium festgelegt ist, weniger durch inhaltliche Bestimmungen. IQ-Definitionen sind in Bildungssystemen recht beliebt, wenngleich sich über Längsschnittstudien kaum ein Zusammenhang zwischen dem gemessenen IQ bei Kindern zu späteren Leistungen herstellen ließ. Dies trifft ebenso auf die Verwendung solcher Tests zur Diagnose von Behinderungen zu (▶ Kap. 3.5). Ziegler (2017, 29) meint, die Gleichsetzung eines hohen gemessenen IQs mit Hochbegabung entbehre jeglicher empirischen Grundlage.

Den Ausgangspunkt und die Basis für die Schaffung eines pädagogischen und psychologischen Hochbegabungskonzepts bildet die Entwicklung des Intelligenztests durch Binet und dessen Weiterentwicklung durch Stanford im frühen 20. Jahrhundert. Der Anfang einer Hochbegabungsforschung im engeren Sinn kann mit der groß angelegten Längsschnittstudie von Terman in den 1920er Jahren an mehr als 1.500 als hochbegabt eingestuften Schüler* innen in den USA angesetzt werden. Diese Studie war noch eng mit der Intelligenzforschung und den daraus entwickelten Untersuchungsitems verbunden; sie und auch andere frühe Studien gingen von recht einfachen Modellen aus, bei denen insbesondere die sich damals allmählich entwickelnden Verfahren der Intelligenzdiagnostik als Kategorisierungsansatz aufgegriffen wurden. Wie wenig erklärungsmächtig dieser Zugang war, ließ sich nachträglich an Termans frühen Studien selbst aufzeigen: In der Population, aus der die Stichprobe für seine Längsschnittstudie ausgewählt wurde, waren mit William Skockley und Luis Alvarez zwei spätere Nobelpreisträger, deren Potential die Untersuchung nicht identifizieren konnte, da der gemessene IQ zu gering war (Ziegler 2017, 28).

Wesentliche konzeptionelle Weiterentwicklungen zu den IQ-basierten Konzepten gab es erst seit den 1970er Jahren, beginnend mit dem 3-Ringe-Modell von Renzulli (Holling & Kanning 1999, 8 ff). Begabung wird hier als Folge eines Entwicklungsprozesses betrachtet, in dem es um die Schnittmenge aus überdurchschnittlichen Fähigkeiten, Kreativität und Aufgabenverpflichtung geht (ebd., 9). Dieses relativ einfache Modell von Renzulli wurde in den 1980er und den 1990er Jahren um weitere Komponenten ausgebaut und modifiziert. Die vergangenen Jahrzehnte haben mehrere weitere einflussreiche Konzepte von Hochbegabung hervorgebracht, die aufeinander aufbauten und zunehmend komplexer wurden. Den gegenwärtig differenziertesten Zugang stellt das Münchner Hochbegabungsmodell von Heller, Perleth und Hany von 1994 dar (Heller, Perleth & Hany 1994), das viele Inhalte vorausgegangener Konzepte in Beziehung zueinander setzt (▶ Abb. 3.5.).

3.6 (Hoch-)Begabung

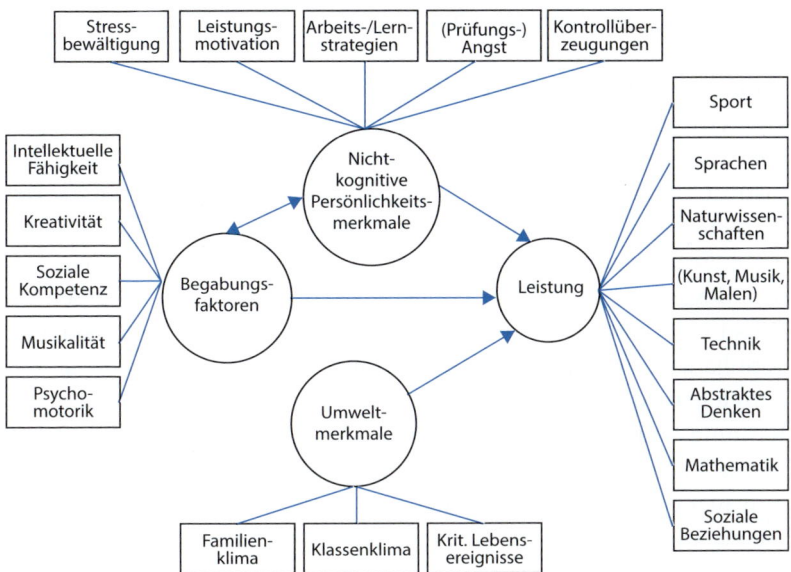

Abb. 3.5: Das Münchner Hochbegabungsmodell (aus: Heller, Perleth & Hany 1994, 19)

In diesem Modell werden fünf Begabungsfaktoren genannt: Neben intellektuellen Fähigkeiten und Kreativität sind dies auch soziale Kompetenz, Musikalität, aber auch Psychomotorik. Diese beeinflussen die Leistungen, die in 8 verschiedene Bereiche untergliedert werden. Weiterhin werden Umweltbedingungen wie auch Persönlichkeitseigenschaften hinzugenommen. In diesem wie auch anderen Modellen gelang es, zunehmend mehr Faktoren in die Beschreibung von Hochbegabung mit aufzunehmen. Gleichzeitig nahm die Möglichkeit, Hochbegabung kausal zu erklären, ab. Den umgekehrten Weg verfolgt die Expertiseforschung, die ihren Ausgang bei Personen nimmt, die bereits in einem Gebiet Leistungsexzellenz erzielt haben. An konkreten Fällen werden die Faktoren herausgearbeitet, die zu diesen besonderen Kenntnissen und Leistungen geführt haben. Als wesentliches Resultat konnte hier nachgewiesen werden, dass domänenbezogene Leistungsexzellenz auf Lernprozessen beruht (Ziegler 2017, 37).

3.6.2 Schulische Maßnahmen

Schulische Maßnahmen bei Hochbegabungen werden zumeist in zwei Gruppen eingeteilt: Akzeleration und Enrichment. *Akzeleration* bedeutet, dass Aktivitäten gesetzt werden, die es ermöglichen, den institutionellen Lernprozess schneller zu durchlaufen als üblich. Die frühe Einschulung und das Überspringen von Schulklassen sind hier wohl die gebräuchlichsten Formen. Als Akzeleration wird aber auch der Besuch von Klassen bezeichnet, in denen das vorgesehene Pensum in kürzerer Zeit absolviert wird, z. B. der Stoff von vier Schuljahren auf drei Jahre komprimiert wird. *Enrichment* ist das Anreichern des Schulbetriebs um zusätzliche Angebote (Holling & Kanning 1999, 72 f). Hierzu gehören Angebote wie etwa Arbeitsgemeinschaften zu zusätzlichen Themen, die der schulische Fächerkanon nicht bereithält. Aber auch Vertiefungen in einzelnen Fachgebieten wie etwa Physik sind hier ebenso dazuzuzählen wie etwa Schüler*innenwettbewerbe.

Die instruktionspsychologisch orientierte Literatur zur Hochbegabung nennt überwiegend ausschließlich diese Konzepte. Dem ist allerdings hinzuzufügen, dass es ein breites Spektrum pädagogischer Ansätze gibt, die den Entwicklungsbedarfen hochbegabter Kinder entgegenkommen, jedoch nicht nur entlang dieser spezifischen Gruppen. Reformpädagogische Ansätze wie die von Montessori und Freinet bieten auch hochbegabten Kindern die Möglichkeit, durch Individualisierung in freier Arbeit ihr Potential zu entfalten. Die zahlreichen pädagogischen Modelle, die auf dieser Grundlage insbesondere in den integrationspädagogischen Schulmodellen erprobt wurden, haben ihre Wirksamkeit nachgewiesen und das Potential für die Entwicklung hochbegabter Kinder wurde nicht in Frage gestellt.

Gegenläufig dazu gibt es aber auch Initiativen, die den separierenden Weg propagieren und besondere Schulen für hochbegabte Kinder fordern. Es gibt eine ganze Reihe von Beispielen, hochbegabte Kinder in relativ homogenen Gruppen zu separieren. Schulen mit den Schwerpunkten der Herausbildung von exzellenten Leistungen in

Sport oder Musik gibt es in vielen Ländern. Die Lebensbornschulen in der NS-Zeit zur Herausbildung einer ›arischen‹ Führungselite waren wohl ein besonders problematisches Beispiel der äußeren Differenzierung für hochbegabte Kinder und Jugendliche. In allen deutschsprachigen Ländern gibt es Schulen mit einem Schwerpunkt zur (Hoch-)Begabungsförderung oder auch Schulen, die entsprechende Schulzüge oder Abteilungen haben. Insgesamt ist Hochbegabungsförderung in deutschsprachigen Ländern weniger ausgebaut als in Nordamerika oder einigen Ländern Asiens. Entsprechend der in vielen Ländern verankerten ›Education of the Gifted‹ gibt es aber auch Versuche, Hochbegabungsförderung dem Bereich der Sonderpädagogik zuzuordnen (Hoyningen-Süess & Gyseler 2006).

In der integrationspädagogischen Literatur der vergangenen Jahrzehnte wird eine Fülle von pädagogischen und didaktischen Konzepten dargestellt, die sich an das Lernen aller Kinder richtet und damit auch hochbegabte Schüler*innen adressiert. Olga Graumann (2002) gehört zu den wenigen Wissenschafter*innen, die Hochbegabung im Kontext von schulischer Integration thematisieren. Ihre Publikation trägt den Untertitel ›Von lernbehindert bis hochbegabt‹, womit die Thematik in die Nähe der integrativen Beschulung auch von Kindern mit Behinderungen gerückt wird.

3.6.3 Kritik des Hochbegabungskonzepts und seiner Folgen

Am Beginn der Hochbegabungsforschung begegnen wir einigen Hauptvertreter*innen und Exponent*innen eugenischen Gedankenguts. Insbesondere bei Terman steht aus heutiger Perspektive ein Rassismusvorwurf im Raum, als er über großangelegte Forschungen in den 1920er Jahren die ›rassische‹ Verteilung von Intelligenz nachweisen wollte. Auch wenn solche Positionen heute diskreditiert sind, so zieht sich die Nähe zu Ideologien der Elitenbildung bis zur heutigen Zeit durch schulpraktische Umsetzungsvorschläge.

Ebenso begleitet die Hochbegabungsforschung der vergangenen Jahrzehnte kritische Skepsis. Insbesondere die Vernachlässigung der sozialen Komponente der Entstehung besonderer Begabungen zugunsten eines rein individualen Zugangs wurde wiederholt kritisiert. Im sogenannten Etikettierungsansatz seit den 1990er Jahren wurde Hochbegabung als Fiktion bezeichnet, die bestimmten Individuen in einem sozialen Konstruktionsprozess zugeschrieben werde. Vertreter*innen dieses Ansatzes wandten sich insbesondere gegen die Definitionen von Hochbegabung über den IQ. So wurde hervorgehoben, dass Hochbegabte zum überwiegenden Teil aus sozial privilegierten Schichten kamen, die aufgrund ihrer Sozialisation und Erziehung Fragen aus Intelligenztests besser beantworten könnten als Kinder aus anderen Sozialschichten. Kritisiert wurde die Unterteilung in eine intellektuelle Zweiklassengesellschaft – nämlich in die Hochbegabten und den Rest (Ziegler 2017, 46 f). Hochbegabung wird damit als gleichsam ›oberes Ende‹ einer Skala von vermeintlich zu etikettierenden Personen verhandelt, wohingegen das ›untere Ende‹ durch behinderte Personen markiert wird. Die damit einhergehenden Implikationen unterscheiden sich jedoch massiv voneinander (► Kap. 3.5).

Die Probleme der Identifizierung von Hochbegabung stellen sich in ähnlich massiver Weise wie in anderen stark normativ geprägten Konzepten, wie etwa ›Verhaltensstörung‹. Dies hat auch gute Gründe, denn wenn gesellschaftlich festgelegte Normen in die wissenschaftliche Begriffsbildung für ein Phänomen eingehen, sind bildungspolitische Strukturdiskussionen zumeist nicht weit entfernt, wie z. B. die Forderung nach eigenen Klassen oder sogar eigene Schulen für die jeweilige Gruppe.

Ähnlich wie bei anderen Dimensionen der Diversität können separierende und auch inkludierende Organisationsformen eingeschlagen werden. Äußere Differenzierung, etwa in Form von Schulen für hochbegabte Kinder, gibt es im deutschsprachigen Raum nur in sehr geringer Zahl und sie sind häufig an die Förderung bestimmter Talente (etwa im sportlichen oder musikalischen Bereich) gebunden. Es ist eine neuere Diskussion, Kinder mit hohen kognitiven Fähigkeiten in eigenen Klassen oder Schulen zusammenzufassen. Dass Kinder mit besonderen Begabungen spezifische Problemlagen zu bewältigen haben und auch eine besondere Unterstützung benötigen, ist zunehmend auch ein Topos pädagogischer Diskussionen. Auffallend bei einigen schulstrukturellen Vorschlägen zur Beschulung von Kindern mit Hochbegabungen ist die ideologische Nähe zur Sonderpädagogik. Hochbegabte Kinder und Jugendliche werden als besondere Kinder betrachtet, für die Separierung in eigenen Klassen und auch Schulen vorgeschlagen wird. Fachliche Konsequenzen, wie etwa die Etablierung einer ›Education of the Gifted‹, werden für den akademischen Bereich deutschsprachiger Länder allerdings bislang noch nicht gezogen.

Weiterführende Literatur und Links

Bi-Bi Toolbox – 45 Karteikarten mit Impulsen für bimodal-bilinguale Bildung: www.univie.ac.at/teach-designbilingual/index.php?id=28&upId=136
Bidok – digitale Volltextbibliothek mit Texten und Materialien zum Thema Integration und Inklusion von Menschen mit Behinderungen (Universität Innsbruck): http://bidok.uibk.ac.at
Genderindex: www.genderindex.org/
Infos der Weltbank zu Armut: www.worldbank.org/en/topic/poverty
Infos zur Hochbegabung: www.world-gifted.org/
Literatur zu Women & Gender Studies: www.libr.org/wgss/wgsslinks/general.html
Mensch zuerst - Netzwerk People First Deutschland e.V.: www.menschzuerst.de
Mensch Zuerst Schweiz: mensch-zuerst.ch/schweiz/de/1.0.0/startseite.html
Netzwerk Selbstvertretung Österreich: www.wibs-tirol.at/index1.php?site=224
Projekt ›Geschichte der Behindertenbewegung‹ (Österreich): bidok.uibk.ac.at/projekte/behindertenbewegung/index.html
Schule mehrsprachig (Österreich): www.schule-mehrsprachig.at/index.php?id=47
Schulportal Gender und Bildung: www.schule.at/portale/gender-und-bildung.html
Zahlen und Fakten über herkunftssprachlichen Unterricht (Deutschland): deutsches-schulportal.de/unterricht/zahlen-und-fakten-ueber-herkunftssprachlichen-unterricht/

Böhmer, A. (2016). Bildung als Integrationstechnologie? Neue Konzepte für die Bildungsarbeit mit Geflüchteten. Bielefeld: transcript.
Eisenbraun, V. & Uhl, S. (Hrsg.) (2014). Geschlecht und Vielfalt in Schule und Lehrerbildung. Münster, New York: Waxmann.
Gogolin, I., Georgi, V., Krüger-Potratz, M., Lengyel, D. & Sandfuchs, U. (Hrsg.) (2018). Handbuch Interkulturelle Pädagogik. Bad Heilbrunn: Klinkhardt (UTB).
Yildiz, E. & Hill, M. (Hrsg.) (2014). Nach der Migration: postmigrantische Perspektiven jenseits der Parallelgesellschaft (Vol. 6). Bielefeld: transcript.

4

Die inklusive Schule als Institution in Entwicklung und Veränderung

> **Worum es geht...**
> In diesem abschließenden Kapitel werden die vorausgegangenen Inhalte mit Fragestellungen zur Schulentwicklung verknüpft – unter Rezeption bestehender Instrumente wie z. B. dem Index für Inklusion. Darüber hinaus fragt dieser finale Teil nach den Möglichkeiten der Lehrkraft, Anerkennung und Wertschätzung im Unterricht zu ermöglichen und Barrieren des Lernens und der Entwicklung abzubauen.

4 Die inklusive Schule als Institution in Entwicklung und Veränderung

4.1 Der Index für Inklusion als Werkzeug zur inklusiven Schulentwicklung

Ausgehend davon, dass Inklusive Pädagogik – wie in Kapitel 1 bereits ausführlich dargestellt – »auf eine strukturelle Veränderung der regulären Institutionen ziel[t], um der Verschiedenheit der Voraussetzungen und Bedürfnisse aller Nutzer/innen gerecht zu werden« (Biewer 2017, 204), stellt sich nun die Frage, wie ein solcher institutioneller Veränderungsprozess in der Schule gestaltet und angeleitet werden kann. Hierfür muss das Rad nicht neu erfunden werden, denn in den meisten Schulen gibt es Schulentwicklungs- und/oder Qualitätssicherungsgremien, in deren Zuständigkeit solcherlei Prozesse fallen. Wenngleich sich diese schulinternen und damit u. a. auch durch Lehrpersonen besetzten Arbeitsgruppen in der Namensgebung regional voneinander unterscheiden – in Österreich werden diese z. B. als SQA-Ausschüsse (›Schulqualität Allgemeinbildung‹) bezeichnet, in Nordrhein-Westfalen als QA (›Qualitätsanalyse‹) –, beziehen sie sich alle auf durch die jeweilige Schulbehörde und/oder das zuständige Ministerium empfohlene Richtlinien. Beispielhaft angeführt sei hier etwa der von der Berliner Senatsverwaltung für Bildung, Jugend und Wissenschaft 2013 herausgegebene ›Handlungsrahmen Schulqualität‹: Er leitet Schulen dazu an, sich entlang der intern weiter auszudifferenzierenden Dimensionen ›Lehr- und Lernprozesse‹, ›Schulkultur‹, ›Schulmanagement‹, ›Professionalität der Lehrkräfte‹, ›Qualitätsentwicklung‹ sowie ›Ergebnisse und Wirkungen‹ nach Maßgabe des jeweiligen Bedarfs strukturiert mit Verbesserungspotentialen, Chancen und Möglichkeiten der Weiterentwicklung auseinanderzusetzen. Ähnliche Richtlinien finden sich in den zuständigen Behörden aller deutschsprachigen (Bundes-)Länder; sie alle können im Hinblick auf Entwicklungsprozesse in Richtung einer inklusiven Schule adaptiert werden oder aber haben diesen Aspekt (zumindest in Ansätzen) angelegt.

4.1 Der Index für Inklusion als Werkzeug zur inklusiven Schulentwicklung

Der *Index für Inklusion* (Booth & Ainscow 2017) bietet ein geeignetes Instrumentarium, um sich jener strukturellen Neuausrichtung von Schule bzw. des Schulsystems detailliert und grundlegend im Rahmen jener Gremien anzunähern. Er erschien erstmalig im Jahr 2002. Nach einigen (teilweise grundlegenden) Überarbeitungsschleifen liegt mittlerweile die 4. Auflage des *Index* vor, für die gleichsam als Leitprinzip gilt, dass es bei »Inklusion eben nicht, wie viele immer noch denken, um eine spezielle Gruppe von Kindern mit einem zugeschriebenen sonderpädagogischen Förderbedarf oder individuellen Förderbedarf« (ebd., 9) geht. Für die deutschsprachige Version des Index wurden grundlegende, auf den hiesigen Bildungsbereich zugeschnittene Adaptionen vorgenommen, sodass nunmehr ein konkreter, für den Schulalltag und die Schulpraxis tauglicher Leitfaden zur Weiterentwicklung jeder einzelnen Schule in Deutschland, Österreich und der Schweiz vorliegt. Demzufolge kann der Index als eine »Materialsammlung zur Reflexion, Selbstevaluation und Entwicklung aller Aspekte einer Schule; von den Personen zu den Räumen und Schulgeländen bis hin zum schulischen Umfeld« (ebd., 15) betrachtet werden.

Der Index für Inklusion verfolgt den Zweck, im Rahmen der Schulentwicklung ein inklusives Leitbild zu entwickeln. Besonderes Augenmerk wird dabei auf die schulische Praxis gelegt, denn schließlich soll der Index nicht in der Theorie verharren, sondern konkrete Umsetzung finden. Um dies nachhaltig sicherstellen zu können, wurden in die Entwicklung des Index Lehrer*innen, Eltern, Schulvorstände, Forscher*innen wie auch Vertreter*innen von Behindertenorganisationen eingebunden. Ebenfalls Bezug genommen wird im Index für Inklusion auf den Umgang mit verpflichtend einzuhaltenden, extern vorgegebenen strukturellen Rahmenbedingungen, die mitunter als gegenläufig zu inklusiven Entwicklungen betrachtet und von allen beteiligten Personen – allen voran Schüler*innen und Lehrpersonen – als Druck empfunden werden können. Beispielhaft angeführt sei hier etwa die Zuweisung von Ressourcen entlang (zumeist defizitorientierter) Kategorisierungen oder aber die lediglich vermeintlich Objektivität implizierende und

Leistungs- und Wettbewerbsdenken steigernde Beurteilung durch Schulnoten. Der Index vermag dementsprechend dazu beizutragen, externe Anforderungen »kritisch vor dem Hintergrund inklusiver Werte zu reflektieren, mit ihnen umzugehen und den Druck abzubauen« (Booth & Ainscow 2017, 24).

Die Arbeit mit dem Index für Inklusion empfiehlt sich für alle Schultypen, aber auch für Hochschulen und Universitäten und dementsprechend auch die Lehrer*innenbildung. Für den deutschsprachigen Raum ist jedoch festzuhalten, dass insbesondere Schulen der Sekundarstufen wie auch der tertiäre Sektor den Index »nur in geringem Maß für eine kontinuierliche Entwicklung [nutzen]; eher verwenden sie ihn vielfältigst und kreativ als punktuelle und phasenhafte Inspirationsquelle und Orientierungshilfe in unterschiedlichen Situationen« (Boban & Hinz 2016, 19). Damit wird einerseits deutlich, dass in Sekundarstufen wie auch dem tertiären Sektor (Weiter-) Entwicklungen in Richtung eines inklusiven Bildungssystems als durchaus ausbaufähig zu bezeichnen sind. Andererseits – und dies ist besonders zu betonen – geht aus dem angeführten Zitat hervor, dass der Index sowohl in seiner Gesamtheit als Prozess durchlaufen werden kann, aber eben auch punktuell, anlassbezogen und/oder an die Bedarfe der jeweiligen Schule angepasst genutzt werden kann.

Im Zentrum des Index für Inklusion steht die Frage: ›Wie wollen wir zusammenleben?‹ – und damit eng verknüpft die Notwendigkeit, herauszufinden, was wir wissen müssen, um gut zusammenleben zu können. Dazu wurde ein Rahmen mit inklusiven Werten (Gleichheit, Rechte, Teilhabe, Respekt für Vielfalt, Gemeinschaft, Nachhaltigkeit, Gewaltfreiheit, Vertrauen, Ehrlichkeit, Mut, Freude, Mitgefühl, Liebe, Hoffnung/Optimismus, Schönheit und Weisheit) entwickelt, der als Grundlage für inklusive Schulentwicklung verwendet werden kann. Indem Themen wie Menschenrechte, demokratische Teilhabe, ökologische Nachhaltigkeit, Weltbürger*innenschaft, Gesundheitsförderung, Gewaltfreiheit und Nichtdiskriminierung behandelt werden, wird offensichtlich, welch breites Inklusionsverständnis im Index für Inklusion vertreten wird. Konkretisieren lässt sich dieses im Anschluss an Booth & Ainscow (2017, 31) wie folgt:

4.1 Der Index für Inklusion als Werkzeug zur inklusiven Schulentwicklung

»Inklusion in der Bildung bedeutet: inklusive Werte in die Praxis umsetzen; jedes Leben und jeden Tod als gleichwertig ansehen; alle so unterstützen, dass sie sich zugehörig fühlen; die Teilhabe in den Lern- und Lehraktivitäten, im Zusammenleben an der Schule und zwischen benachbarten Schulen erhöhen; die Schule für das Schulpersonal, die Familien und Erziehungsberechtigten sowie die Kinder und Jugendlichen weiterentwickeln; Ausgrenzung, Diskriminierung und Barrieren für Lernen und Teilhabe abbauen; aus dem Abbau von Barrieren für einige Kinder lernen, was allen Kindern zugutekommt; Kulturen, Strukturen und Praktiken so auf Vielfalt ausrichten, dass alle gleichermaßen wertgeschätzt werden; Bildung und Erziehung auf reale Gegebenheiten beziehen, lokal und global; Unterschiede zwischen Kindern und Erwachsenen als Ressource für das Lernen betrachten; das Recht der Kinder auf eine Bildung von hoher Qualität an ihrem Wohnort anerkennen; die Entwicklung von schulischen Gemeinschaften und Werten ebenso fördern wie die Schulleistungen; Beziehungen zwischen Schulen und ihrem sozialen Umfeld fördern; erkennen, dass Inklusion in der Bildung ein Aspekt von gesellschaftlicher Inklusion ist«.

Dieses konkretisierte Verständnis von Inklusion in der Bildung ist nahezu deckungsgleich mit den in diesem Buch identifizierten Themensträngen, die es im Kontext von inklusiver Schule und Vielfalt zu berücksichtigen gilt und die im Verlauf der vorangegangenen Kapitel skizziert wurden. Verknüpft wird dieses Verständnis im Index mit konkreten pädagogischen Leitlinien, die aufgrund ihrer immensen Bedeutung für den Kontext Schule und Unterricht ebenfalls ausführlich wiedergegeben werden sollen. Demnach identifizierten Booth & Ainscow (2017, 47) folgende Anforderungen an Bildung und Erziehung:

»Kindern und Erwachsenen sind in dem, was sie erreichen möchten, keine Grenzen gesetzt. Das Lernen baut auf persönlichen und gemeinsamen Erfahrungen auf. Lernen findet auch in außerschulischen Räumen statt. Vielfalt wird als Ressource für das Lernen genutzt. Es wird eine Fähigkeit zum Dialog entwickelt. Theoretisches Wissen baut auf der Entwicklung praktischer Fähigkeit auf. Praktische Fähigkeiten und akademisches Wissen gelten als gleichwertig. Einsichten aus verschiedenen Fächern und Themenbereichen werden in einen Zusammenhang gebracht. Konstruktive Beziehungen werden als wichtig an sich und für das Lernen angesehen. Es ist anerkannt, dass eine gefestigte Persönlichkeit wichtig für das Lernen und Wohlbefinden ist. Lernen ist mit Emotionen verbunden. Schulische Aktivitäten sind mit dem sozialen, kulturellen, politischen und wirtschaftlichen Leben außerhalb der Schule verbunden. Ereignisse vor Ort werden im Zusammenhang mit dem Weltgeschehen gesehen. Es werden unmittelbare und lebenslange Aktivitäten und Interessen gefördert. Ein Wohlbefinden in der Gegenwart wird als genauso wichtig angesehen wie die Vorbereitung auf die Zukunft. Es wird anerkannt, dass das Lernen in der Kindheit und Jugend unsere Persönlichkeit und unsere Aktivitäten im späteren Leben prägt. Der Entfaltung des Spielens und des Lernens wird mehr Aufmerksamkeit geschenkt als Leistungen und Ergebnissen. Schulen werden als Unterstützung für alle in ihrem Umfeld gesehen. Aktives, demokratisches Engagement wird auf lokaler und globaler Ebene gefördert. Die gegenseitige Abhängigkeit von Menschen, Tieren, Pflanzen und Umwelt wird hervorgehoben.«

Diese Leitlinien sollen dazu beizutragen, dass einzelne Lehrpersonen ebenso wie ein Lehrer*innenkollegium sich auf die Möglichkeiten eines Lernens in einem Umfeld der Vielfalt besinnen können. Darüber hinaus vermögen sie dazu beizutragen, dem allzu oft von außen herangetragenen Leistungsdruck entgegenzutreten, indem Bildung explizit nicht ausschließlich auf den Moment (also z. B. den herannahenden Test oder auch das Jahreszeugnis), sondern auf sein Potential für die Zukunft jeder Schülerin und jedes Schülers bezogen wird.

In der konkreten Anwendung des Index stehen insbesondere die drei Bereiche ›Inklusive Kulturen schaffen‹ (Dimension A), ›Inklusive Strukturen etablieren‹ (Dimension B) sowie ›Inklusive Praktiken entwickeln‹ (Dimension C) im Zentrum. Sie lassen sich nach Booth & Ainscow (2017, 23) wie folgt beschreiben:

»*Kulturen* spiegeln Beziehungen und tief verankerte Werte und Überzeugungen wider. Eine Veränderung der Kulturen ist für eine nachhaltige Entwicklung unabdingbar.
Strukturen beschäftigen sich mit der Frage, wie die Schule geführt und organisiert wird und wie sie verändert werden kann.
Praktiken beschreiben, wie und welche Lernbereiche und Lernarrangements gemeinsam entwickelt werden.«

Alle drei Dimensionen sind in jeweils zwei Bereiche unterteilt, die wiederum mit einer Reihe von Indikatoren versehen sind und mit einem je eigenen Fragenkatalog erfasst werden können. Zusätzlich stehen außerdem Fragebögen für an Schule beteiligte Akteur*innen (Eltern, Lehrer*innen, Schüler*innen) im Anhang zur Verfügung. Der Planungsrahmen der Dimensionen und ihrer Bereiche lässt sich wie folgt darstellen:

Tab. 4.1: Planungsrahmen des Index für Inklusion in Anlehnung an Booth & Ainscow (2017)

Dimensionen des Index für Inklusion
Dimension A: Inklusive Kulturen schaffen
A1: Gemeinschaft bilden
A2: Gemeinschaft verankern
Dimension B: Inklusive Strukturen etablieren
B1: Eine Schule für alle entwickeln
B2: Unterstützung für Vielfalt organisieren
Dimension C: Inklusive Praktiken entwickeln
C1: Curricula für alle erstellen
C2: Das Lernen orchestrieren

Um die Handhabung des Index für Inklusion besser nachvollziehen zu können, sei ein Beispiel angeführt: Der Indikator C2.3 (›Die Schüler*innen werden zu selbstbewusstem, kritischem Denken ermutigt‹) findet sich in der Dimension C (›Inklusive Praktiken entwickeln‹). Die Ziffer 2 bezieht sich auf den 2. Bereich (›Das Lernen orchestrieren‹) eben jener Dimension, während sich die Zahl 3 auf die fortlaufende Nummerierung des Indikators innerhalb der Dimension C, Bereich 2 bezieht. Jeder Indikator setzt sich zudem aus einer Reihe von (übrigens individuell erweiterbaren) Fragen zusammen, die Lehrpersonen bzw. Mitglieder von Schulentwicklungs- oder Qualitätssicherungsgremien dazu anregen sollen, die Schule oder auch den konkreten Unterricht zu verbessern und weiterzuentwickeln. Am

Beispiel des Indikators C2.3 (›Die Schüler*innen werden zu selbstbewusstem, kritischem Denken ermutigt‹) sind dies insgesamt 21 Fragen unterschiedlicher Natur, wie etwa ›Unterstützen sich die Mitglieder des Schulpersonals gegenseitig, selbstbewusst und kritisch zu denken?‹ oder ›Erkennen die Schüler*innen, wann die Richtigkeit einer Behauptung oder eines Arguments belegt werden muss?‹ (vgl. Booth & Ainscow 2017).

Zusammenfassend lässt sich festhalten, dass der Index für Inklusion sicherlich nicht als ultima ratio, gleichwohl jedoch als praktikables Instrument zur (Weiter-)Entwicklung inklusiver Schule erachtet werden kann – oder zumindest zur Selbsteinschätzung und Reflexion beizutragen vermag. Mit seiner Hilfe können vielfältige Schritte festgelegt und umgesetzt werden, über die die jeweilige Bildungseinrichtung selbst entscheiden und verfügen kann – selbst dann, wenn externe Vorgaben durch die je zuständigen Schulbehörden und/oder Ministerien diesem Vorhaben entgegenstehen oder es erschweren. Durch seine leicht verständliche Handhabung ist er ideal an die Bedarfe des konkreten schulischen Alltags angepasst, sodass sich mittlerweile einige Best-Practice-Beispiel von Schulen (auch auf der Sekundarstufe I), die mit dem Index arbeiten, im deutschsprachigen Raum ausmachen lassen (vgl. Boban & Hinz 2016).

4.2 Didaktische Zugänge zur inklusiven Schule

Didaktik als Wissenschaft des Lehrens und Lernens hat für die Ausbildung von Lehrkräften der inklusiven Schule einen zentralen Stellenwert, auch wenn der vorhandene Wissensbestand selbst im internationalen Rahmen noch sehr ausbaufähig ist. Für Didaktik gibt es in den deutschsprachigen Ländern zahlreiche Theorien und Modelle, während im englischsprachigen Raum entsprechende Fragestellungen eher in pädagogisch-psychologischen Theorien des Lernens behandelt werden (Markowetz & Reich 2016, 339). Auch der

Begriff ›didactics‹ ist international wenig gebräuchlich. Darüber hinaus ist die deutschsprachige Diskurstradition stärker inhaltsbezogen und weniger lerntheoretisch ausgerichtet (ebd. 340).

Aus diesen Gründen finden sich in der Aufarbeitung der Literatur nicht selten zwei Stränge, die wenig Verbindung zueinander aufweisen. Es ist dies zum einen die Traditionslinie einer Didaktik als Teilgebiet einer deutschsprachigen Pädagogik. Zum anderen sind es oft wenig konzeptualisierte Befunde einer empirisch orientierten Pädagogischen Psychologie. Die nachfolgende Darstellung wird versuchen, beide Zugänge zu berücksichtigen.

4.2.1 Inklusive Didaktik

Der Begriff der ›inklusiven Didaktik‹ ist eine Neuschöpfung der letzten Jahre: Es gibt bislang keinen fixierten Kanon an Inhalten und Wissensbeständen, und es sind bislang nur wenige spezifische wissenschaftliche Zugänge klar beschrieben worden. Verschiedene didaktische Zugänge zur schulischen Integration, die seit den 1970er Jahren entwickelt wurden, könnten als Vorläufer einer inklusiven Didaktik verstanden werden. Dazu gehört die Aufarbeitung reformpädagogischer Theorien, wie etwa derjenigen von Montessori, Freinet oder Petersen für den integrativen Unterricht (Biewer 2001). Es darf aber nicht bei der Rezeption erfolgreicher Konzepte des vergangenen Jahrhunderts für einen neuen Kontext bleiben. Veränderte gesellschaftliche Rahmenbedingungen erfordern didaktische Innovationen.

Als ›integrative Didaktik‹ verstehen sich mehrere Theoriemodelle, zu denen es auch ausgearbeitete Unterrichtsentwürfe gibt. Eines der bekanntesten ist Feusers Entwurf einer entwicklungslogischen Didaktik, der auf Theorien der sowjetischen kulturhistorischen Schule von Leontjew, Lurija, Galperin und Vygotskij basiert (Feuser 2005).

Integrativ ist für Feuser eine Pädagogik, »in der *alle* Kinder und Schüler in Kooperation miteinander, auf ihrem jeweiligen Entwicklungsniveau, nach Maßgabe momentaner Wahrnehmungs-, Denk-

und Handlungskompetenzen, in Orientierung auf die ›nächste Zone ihrer Entwicklung‹, an und mit einem ›gemeinsamen Gegenstand‹ spielen, lernen und arbeiten« (ebd., 168; Hervorhebung im Original). Die Kooperation am gemeinsamen Gegenstand ist das zentrale Kriterium für Integration in Feusers Entwurf, der sich damit gegen die bloße räumliche Gemeinsamkeit von Kindern in der Schule wendet. Stattdessen rückt er die inhaltliche Tätigkeit am gemeinsamen Lernobjekt in den Mittelpunkt.

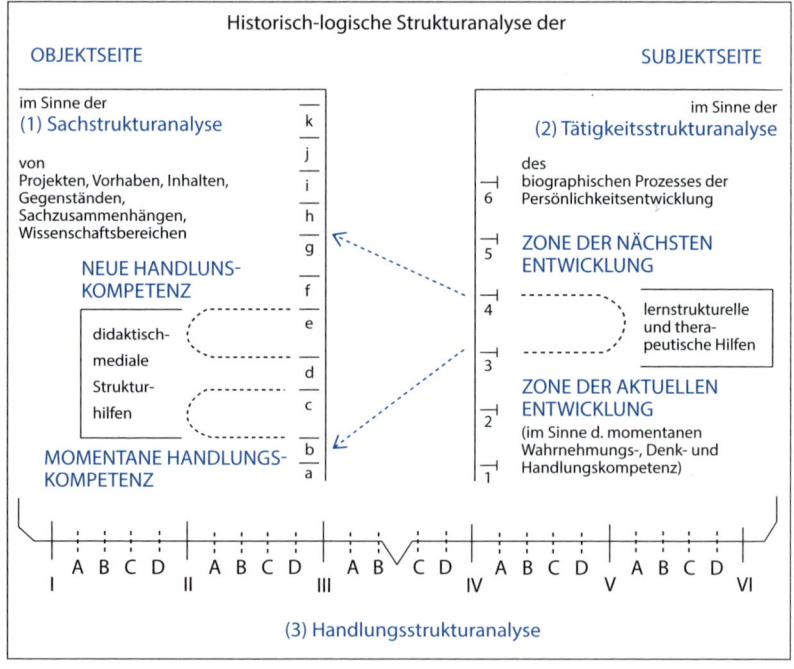

Abb. 4.1: Didaktisches Feld einer integrativen Pädagogik (aus: Feuser 2005, 177)

In seiner ›historisch-logischen Strukturanalyse‹ unterscheidet Feuser eine Objekt- und eine Subjektseite (▶ Abb. 4.1). Die Sachstrukturanalyse auf der Objektseite bezieht sich auf die wissenschaftliche

Erkenntnis der Welt, die Analyse der Tätigkeitsstruktur auf der Subjektseite auf die ontogenetische Entwicklung des Kindes. In der pädagogischen Arbeit wären hier die Zonen der aktuellen und der nächsten Entwicklung zu eruieren, aber auch Randbedingungen, die Lernen und Entwicklung beeinträchtigen (ebd., 177).

In Feusers Übersicht (▶ Abb. 4.1) treffen sich im Bereich der Sachstrukturanalyse Zugänge der deutschen Didaktik (z. B. bei Klafki) mit einer Tätigkeitsstrukturanalyse, die sich an Vygotskij und Piaget orientiert, und einer Handlungsstrukturanalyse, die sich auf den sowjetischen Psychologen Galperin beruft. Nach diesem entwickelt sich Lernhandlung über Entfaltung (A), Verallgemeinerung (B), Beherrschung (C) zur Verkürzung (D).

Feusers Ansatz einer entwicklungslogischen Didaktik, deren praktische Umsetzung sich wegen ihrer Komplexität angehenden Lehrkräften oft nur mit Mühe erschließt, stellt eine brauchbare Verbindung sehr unterschiedlicher Modelle dar. Lerngegenstand, Lernende*r und Lernprozess werden dabei in ein Verhältnis gebracht, das den Entwicklungsprozess in unterschiedlichen Konstellationen abbilden kann.

Reich (2014) verwendet den Begriff einer ›Inklusiven Didaktik‹ für sein eigenes Konzept, das auf der Theorie John Deweys und einer konstruktivistischen Lehr- und Lerntheorie basiert. Als normative Grundlage für seinen Ansatz betrachtet Reich das Prinzip der Bildungsgerechtigkeit (Reich 2012). Er geht von fünf normativen Setzungen aus, die er als ›Standards der Inklusion‹ bezeichnet (ebd., 54-90):

- Ethnokulturelle Gerechtigkeit ausüben und Antirassismus stärken
- Geschlechtergerechtigkeit herstellen und Sexismus ausschließen
- Diversität in sozialen Lebensformen zulassen und Diskriminierungen auch in sexuellen Orientierungen verhindern
- Sozioökonomische Chancengerechtigkeit erweitern
- Chancengerechtigkeit von Menschen mit Behinderungen herstellen.

Inklusive Didaktik orientiert sich für ihn weniger an Fragen von Inhalten und Methoden des Unterrichts als an Zielsetzungen der Gestaltung von Schule und stellt damit stärker ein Modell der Schul-

als der Unterrichtsentwicklung dar. Konsequenterweise definiert er inklusive Didaktik als »einen Ansatz, in dem alle Aspekte der Schulentwicklung und der Lehr- und Lernentwicklung einer inklusiven Schule enthalten sind und umfassend auch im Blick insbesondere auf die kulturellen, ökonomischen, architektonischen, lokalen und politischen Bedingungen der Inklusion reflektiert werden« (Reich 2014, 41).

Ausgehend von diesem Verständnis und auf der Basis der genannten fünf Standards beschreibt Reich 10 Bausteine einer inklusiven Didaktik, die sehr umfängliche Aussagen zu so unterschiedlichen Themen enthalten wie die Gestaltung von Teams, der Umsetzung von Chancengerechtigkeit, der Rhythmisierung in Ganztagsschulen, der Gestaltung von Lernumgebungen und Schularchitektur, aber auch Beratung und Supervision.

Reichs umfangreicher Entwurf einer inklusiven Didaktik sieht sich in internationale Entwicklungen eingebunden, nennt auch den Index für Inklusion (▶ Kap. 4.1) ausdrücklich als Bezugspunkt, und der Verfasser führt in seinem öffentlichkeitsbezogenen Wirken die inklusive Modellschule der Universität zu Köln als schulpraktische Referenz an. Sein Konzept einer inklusiven Didaktik kann damit akzentuierte Anregungen in einer aktuellen fachlichen und schulpolitischen Diskussion geben.

4.2.2 Inklusive Fachdidaktik

Inklusive Fachdidaktik ist ein neuer Begriff, der bislang weniger einen vorhandenen Wissensbestand als eine Entwicklungsaufgabe bezeichnet (Abels 2015). In Unterrichtsfächern ist diese Entwicklung unterschiedlich weit fortgeschritten (Riegert & Musenberg 2015); manche Fächer stehen auch erst ganz am Anfang und haben außer ersten Überlegungen oder einzelnen Beispielen von Unterrichtsentwürfen wenig zu bieten.

Reich (2014, 51) sieht in der Fokussierung auf die Fachinhalte das Problem, dass die neuen Aufgaben der Inklusion, die auch die Beziehungsseite, »Förderdiagnostik«, Beratung und Gestaltung der Lernumgebungen umfasst, geschwächt werden. So stehen inklusive Fachdidaktiken vor der Aufgabe, Verbindungen mit den Zugängen einer inklusiven Didaktik einzugehen und entsprechende Konzepte zu entwickeln. Auch durch spezifische Förderungen des Bildungsministeriums in Deutschland hat eine Entwicklung eingesetzt, hier geeignete Ansätze zu finden und auszubauen. Einige Fächer (z. B. Sport und Religion) können auf z. T. ältere Vorarbeiten blicken. Für andere ist die Materie noch recht neu.

Insbesondere in Bezug auf Schüler*innen mit Lernschwierigkeiten (›Förderschwerpunkt geistige Entwicklung‹) tun sich viele Unterrichtsfächer im Bereich der Sekundarstufe schwer. Der Sammelband »Inklusiver Fachunterricht in der Sekundarstufe« (Riegert & Musenberg 2015) hat speziell diese Zielgruppe im Blick. Der dort vorgenommene Überblick über die Fächer Mathematik, Biologie, Physik, Chemie, Geografie, Geschichte, Politik und Sozialkunde, Philosophie und Ethik, Religion, Deutsch, Englisch, Kunst, Musik, Sport und Arbeitslehre stellt eine Momentaufnahme erster Versuche dar, für solcherlei Herausforderungen zu sensibilisieren. Es sind einstweilen allerdings nur wenige ausgearbeitete fachdidaktische Konzepte zu erkennen.

›Universal Design‹ ist als Versuch zu verstehen, räumliche Umgebungen, aber auch Produkte des täglichen Umgangs so zu gestalten, dass sie möglichst wenig Schwierigkeiten bereiten und für alle Menschen mit Lebens- und Lernerschwernissen zugänglich und handhabbar sind. *Universal Design for Learning* (UDL) ist ein seit Mitte der 1990er Jahre in den USA entwickelter Ansatz, Lernprozesse so zu gestalten, dass sie in heterogenen Gruppen möglichst wenige Hindernisse beim Lernprozess bereiten (Rose, Gravel & Gordon 2014).

Die im Umfeld der Harvard-Universität angesiedelte Non-Profit-Organisation CAST (Center for Applied Special Technology) hat den Ansatz über mehr als zwei Jahrzehnte entwickelt und die ›UDL guidelines and checkpoints‹ entwickelt (ebd. 479), die in Tab. 4.2 in gekürzter Form dargestellt und ins Deutsche übertragen sind:

4 Die inklusive Schule als Institution in Entwicklung und Veränderung

Tab. 4.2: Prinzipien und Leitfäden des ›Universal Design for Learning‹ (gekürzt und ins Deutsche übertragen in Anlehnung an www.udlguidelines.cast.org)

Universal Design for Learning (UDL)		
I Darstellung (›representation‹)	*II Handlung und Ausdruck* (›action and expression‹)	*III Verbindlichkeit* (›engagement‹)
1 Möglichkeiten der Wahrnehmung bieten	4 Möglichkeiten körperlicher Handlung bieten	7 Möglichkeiten bieten, das Interesse zu erneuern
2 Möglichkeiten für Sprache, mathematische Ausdrücke und Symbole bieten	5 Möglichkeiten des Ausdrucks und der Kommunikation bieten	8 Möglichkeiten für nachhaltige Anstrengungen und Ausdauer bieten
3 Möglichkeiten zum Verstehen bieten	6 Möglichkeiten bieten, Funktionen auszuführen	9 Möglichkeiten der Selbstregulierung bieten
Einfallsreiche und wissende Lernende	*Strategische, zielorientierte Lernende*	*Entschlossene, motivierte Lernende*

Der UDL-Ansatz geht aus von drei Prinzipien: mehrfache Mittel (›multiple means‹) der Darstellung (›representation‹), Handlung und Ausdruck (›action and expression‹) sowie Verbindlichkeit (›engagement‹). Die Frage nach dem ›Was‹ führt zum Prinzip der ›Darstellung‹, das ›Wie‹ zielt auf Handlung und Ausdruck und das ›Warum‹ nach dem Prinzip der Verbindlichkeit. Begründet werden diese Prinzipien mit ihrer Affinität zu Theorien der Lern- und der Neurowissenschaften, z. B. den Arbeiten von Luria, welcher Erkenntnis, Handlung und Emotionalität unterschiedlichen Hirnregionen zuordnet (Rose, Gravel & Gordon 2014, 477).

Zu jedem der drei Prinzipien gehören jeweils drei Orientierungshilfen (›guidelines‹). Als Orientierungshilfen bei der Wahrnehmung (1) werden z. B. unterschiedliche Formen des Zeigens genannt, aber auch Alternativen zu den Kanälen des Hörens oder des Sehens, die für die Wahrnehmung von Informationen bei beeinträchtigten Sinnesfunktionen nötig sind. An den genannten Beispielen ist der Ursprung von UDL in der Bildung von Schüler*innen mit Behinderungen offensichtlich. UDL berücksichtigt dies und lässt Inhalte über unterschiedliche Präsentationsformen erschließen.

Betrachten wir die Orientierungshilfen zum Prinzip der Präsentation weiter, so stoßen wir auch auf den Vorschlag, unterschiedliche Optionen für Sprache, aber auch den mathematischen Ausdruck und Symbole zur Verfügung zu stellen (2). Auch die Wirkung von sprachlichen Darstellungen zur Veranschaulichung von Sachverhalten ist abhängig vom sozialen und kulturellen Hintergrund.

UDL kann mittlerweile auf eine jahrzehntelange Entwicklungsarbeit zurückblicken. Ausgehend von dem Versuch, Probleme des Lehrens und Lernens für Schüler*innen mit Behinderung zu lösen, hat sich dieser Ansatz in den USA mittlerweile zu einem im breiten Rahmen einsetzbaren Konzept für alle Lernenden entwickelt, das vom Vorschulbereich bis zur tertiären Bildung Verbreitung gefunden hat.

4.2.4 Ausblick

Es besteht kein Zweifel daran, dass die didaktische Seite der inklusiven Schule bislang noch ein weites Entwicklungsfeld ist. Mittlerweile besteht bei allen Stakeholdern des Schulsektors ein Bewusstsein darüber, dass didaktische Perspektiven auf allen Ebenen entwickelt werden müssen, wollen wir nicht Gefahr laufen, dass schulische Inklusion wegen mangelhafter unterrichtlicher Umsetzung scheitert. Bei den vorhandenen Ansätzen gibt es Ähnlichkeiten in der Struktur, die wohl eine nähere Untersuchung erfordern würden, die es bislang unseres Wissens noch nicht gibt. Insbesondere ein Vergleich von UDL mit der entwicklungslogischen Didaktik von Feuser (2005) weist, trotz Unterschieden in ihrer Entstehung und den genannten Referenzen, Ähnlichkeiten auf. Bei didaktischen Zugängen werden Lerninhalte, Lernpersonen und der anvisierte Prozess in eine Beziehung gesetzt und dabei ein in anderen Kontexten entstandenes Fachwissen aufgearbeitet und strukturiert. Vielleicht ist dies auch der Weg, der zukünftige Entwicklungen der didaktischen Entwicklung leiten kann. Im Bereich des UDL gibt es insbesondere in Nordamerika eine Reihe von Forschungsinitiativen, die ein hohes Entwicklungspotential bieten.

Weiterführende Literatur und Links

Index for Inclusion Network: www.indexforinclusion.org
Index für Inklusion auf der Seite inklusionspaedagogik.de: www.inklusionspaedagogik.de/index.php/index-fuer-inklusion
Informationen zum Universal Design for Learning: http://www.udlguidelines.cast.org/

Nachwort

> »In der Theorie klingt das ja alles ganz gut, aber wie kann Inklusion in der Schule konkret umgesetzt werden?«
> »Wo hat Inklusion ihren Platz in der Diskussion rund um standardisierte Testungen und Schulabschlüsse?«

Das sind nur zwei der Fragen, die uns Studierende des Lehramtes immer wieder stellen. Die oft lebhaften Diskussionen, die sich im Rahmen von Lehrveranstaltungen zur Inklusiven Pädagogik ergeben, weisen darauf hin, dass Inklusion ein Thema ist, das Studierende beschäftigt. Mitunter sind sie verunsichert oder kritisch, weil ihnen Beispiele gelungener Inklusion häufig nicht durch eigene Erfahrung bekannt sind. Auf der anderen Seite bemerken wir eine breite Bereitschaft dafür, *inklusive Schulpraxis* kennenzulernen oder auch Motivation dafür, Neues auszuprobieren – auch gegen den Widerstand eines eingespielten und teilweise antiquierten Schulsystems. Vor dem Hintergrund politischer Entwicklungen, die mitunter Tendenzen einer Beförderung oder Manifestierung sonderschulischer Einrichtungen oder paralleler Angebote (z. B. die Unterrichtung von Kindern und Jugendlichen mit anderer Erstsprache als Deutsch in gesonderten Klassen) aufweisen, ist die Begleitung der zukünftigen Lehrer*innen-Generationen ein zentrales Element zur Beförderung von Inklusion in der Schule.

Die oben angesprochenen Fragen bedürfen unserer Meinung nach einer klaren (politischen) Positionierung, die sich an Menschenrechten und demokratischen Werten und politischen Einstellungen wie Antirassismus, Antiessentialismus, Antidiskriminierung und Antiableismus orientiert: Ein vollständig inklusives Bildungssystem ist mehr als ein Weiterdenken integrativer Beschulung und kann weder teilweise umgesetzt noch parallel zu einem sonderschulischen System bzw. außerschulischen exkludierenden Tendenzen laufen. Es ist also wenig zielführend, wenn nur einige Lehrpersonen an einem Schulstandort an Inklusion interessiert sind und diese umsetzen wollen; auch der stundenweise Einsatz von Methoden aus der Inklusiven Didaktik ist unter dieser Prämisse nicht zielführend. Außerdem ergibt sich ein Problem hinsichtlich der Nachhaltigkeit eines inklusiven Schulsystems, wenn Inklusion an der Pforte der Schule endet und, um hier nur eines von vielen möglichen Beispielen zu nennen, Kinder und Jugendliche im Rollstuhl von speziellen Bussen abgeholt werden müssen, weil Verkehrsmittel nicht vorhanden oder nicht barrierefrei sind. Dies verweist auf den gesamtgesellschaftlichen und holistischen Charakter von Inklusion. Inklusion wurde im Verlauf des Buches als Prozess beschrieben, dessen Gestaltung den jeweiligen Akteur*innen unterliegt. Dies impliziert, dass dieser Umsetzungsprozess Einsatz und Mut von allen Beteiligten verlangt, wobei generationen-, disziplin- und akteursübergreifende Elemente zum Tragen kommen. Die Umsetzung von Inklusion bedarf der Bereitschaft zur Innovation und der Abschaffung bzw. dem Hinterfragen von eingespielten schulischen Routinen und lang bewährten Praxen. Zukunftsweisende (z. B. digitale didaktische Methoden) und kreative Zugänge (z. B. Gestaltung der Gebäude in Zusammenarbeit mit auf Barrierefreiheit spezialisierten Architekt*innen) bieten die Möglichkeit, Argumenten rund um mangelnde Ressourcen entgegenzuwirken, die häufig als Grund dafür angeführt werden, dass Inklusion nicht umgesetzt werden könne.

Aktuell befinden sich unterschiedliche Schulstandorte an unterschiedlichen Punkten der Umsetzung oder Ablehnung von inklusiven Tendenzen. In einem von bildungspolitischen Entwicklungen festgelegten Rahmen geht es in der Regel darum – ausgehend von einer meist schon vor oder im Verlauf der Primarstufe durchgeführten Diagnostik bzw. bestimmten Zuschreibungen –, Schüler*innen bestimmten Schulstandorten bzw. Curricula zuzuordnen. Darüber hinaus beeinflussen Noten, die Bewertung von Verhalten oder nahe dem Lebensmittelpunkt verfügbare Schultypen die Zuteilung. In

Referenz auf die von Norwich formulierten Dilemmata der Differenz (▶ Kap. 3.5) kann in diesem Zusammenhang auch auf Schüler*innen Bezug genommen werden, die als nicht-behindert gelten, aber anderen Zuschreibungen unterliegen. Kritiker*innen der inklusiven Idee stellen in Frage, ob durch eine Sonderschule oder die Zuteilung zu spezialisierten Bildungseinrichtungen nicht besser auf die jeweiligen Schüler*innen eingegangen werden kann, da diese dort medizinisch und/oder psychologisch besser ›behandelt‹ werden können. Diese Gruppe soll nach Meinung der Befürworter*innen von segregierter und segregierender Bildung bestimmte Schulstandorte besuchen bzw. dort nach bestimmten Curricula unterrichtet werden. An dieser Stelle spielen also auch ethische Fragestellungen eine Rolle, wie zum Beispiel wo Zuteilungsgrenzen verlaufen und wer diese festlegen und überprüfen darf. Ein inklusiver Standort würde sich demgegenüber dadurch auszeichnen, dass er Kriterien der Barrierefreiheit auch abseits physischer Barrieren erfüllt sowie Schüler*innen unabhängig von ihren (auf pädagogischen und/oder psychologischen Kriterien basierenden diagnostischen) Zuschreibungen, ihrer Herkunft oder aber ihren Kompetenzen an ein und demselben Standort unter einem Rahmencurriculum unterrichtet werden. Die Institution Schule ist also um alle Schüler*innen in gleichem Maße bemüht und hat die bestmögliche bildungsbezogene Förderung der Individuen und die Ermöglichung und Entfaltung der jeweiligen capabilities zum Ziel. Inklusion bezieht sich damit auf mehr als auf das Thema Behinderung, was mitunter fälschlich unterstellt wird. Dies bedeutet aber nicht, dass einzelne Heterogenitätsdimensionen unter einem Schirm verfließen und an (weiterhin kritisch zu betrachtender) Relevanz verlieren.

Die Umsetzung von Inklusion stellt eine komplexe Herausforderung dar und bedarf der weiterführenden wissenschaftlichen Erarbeitung von Konzepten. Geeignete assoziierte Forschungskonzepte sind partizipativ, also an den Bedürfnissen der Kinder und Jugendlichen orientiert, die diese selbst wie auch weitere Stakeholder involvieren und zur Mitgestaltung und Zusammenarbeit einladen. Des Weiteren kann Aktionsforschung zur nachhaltigen Veränderung des Schulsystems zum Einsatz kommen und diese begleiten. Daher sollte wissenschaftliche Forschung um ein bildungspolitisches Engagement für nachhaltige Entwicklung im Sinne einer qualitativ hochwertigen, inklusiven und chancengerechten Bildung ergänzt werden.

Literaturverzeichnis

Abels, S. (2015). Der Entwicklungsbedarf der Fachdidaktiken für einen inklusiven Unterricht in der Sekundarstufe. In G. Biewer, E. T. Böhm, & S. Schütz (Hrsg.), *Inklusive Pädagogik in der Sekundarstufe* (S. 135–148). Stuttgart: Kohlhammer.

Aldridge, J., Kilgo, J. & Christensen, L. (2014). Turning culture upside down: The role of Transcultural education. *Social Studies Research and Practice, 9 (2)*, 107–119

Allemann-Ghionda, C. (2013). *Bildung für alle, Diversität und Inklusion. Internationale Perspektiven.* Paderborn: Schöningh.

Balz, H.-J. (2018). Prekäre Lebenslagen und Krisen. In E.-U. Huster, J. Boeckh & H. Mogge-Grotjahn (Hrsg.), *Handbuch Armut und soziale Ausgrenzung* (S. 643–662). Wiesbaden: Springer Fachmedien.

BAMF – Bundesamt für Migration und Flüchtlinge (2010). *Bundesweites Integrationsprogramm. Angebote der Integrationsförderung in Deutschland – Empfehlungen zu ihrer Weiterentwicklung.* http://www.bamf.de/SharedDocs/Anlagen/DE/Downloads/Infothek/Integrationsprogramm/bundesweitesintegrationsprogramm.pdf?__blob=publicationFile Zugegriffen: 25. Juni 2018

Bauman, H.-D. L. & Murray, J.J. (2014): Deaf Studies im 21. Jahrhundert: »Deafgain« und die Zukunft der menschlichen Diversität. [Übersetzung aus dem Englischen: Trixi Bücker.] *Das Zeichen 28:96/2014*, 18–41.

Beauvoir, S. de (1949, 2011). *The Second Sex.* London: Vintage Books.

Beck, U. (1986). *Risikogesellschaft. Auf dem Weg in eine andere Moderne.* Frankfurt: Suhrkamp.

Beck, U. & Poferl, A. (Hrsg.). (2010). *Große Armut, großer Reichtum. Zur Transnationalisierung sozialer Ungleichheit.* Frankfurt: Suhrkamp.

Becker, D. (2006). *Die Erfindung des Traumas. Verflochtene Geschichten.* Freiburg: edition Freitag.

Best, N., Boeckh, J. & Huster, E.-U. (2018). Armutsforschung: Entwicklungen, Ansätze und Erkenntnisgewinne. In E.-U. Huster, J. Boeckh & H. Mogge-Grotjahn (Hrsg.), *Handbuch Armut und soziale Ausgrenzung* (S. 27–57). Wiesbaden: Springer.

BGBL 2008 II (2008). *Übereinkommen über die Rechte von Menschen mit Behinderungen vom 13. Dezember 2006. Zwischen Deutschland, Liechtenstein,*

Österreich und der Schweiz abgestimmte Übersetzung. https://www.institut-fuer-menschenrechte.de/fileadmin/user_upload/PDF-Dateien/Pakte_Konventionen/CRPD_behindertenrechtskonvention/crpd_b_de.pdf Zugegriffen: 19. Juli 2018

BGBl. 105/2016 (2016). Bundesgesetzblatt für die Republik Österreich, Jahrgang 2016, ausgegeben am 15. Juni 2016, Teil III. 105. *Kundmachung: Korrektur der deutschsprachigen Übersetzung des Übereinkommens über die Rechte von Menschen mit Behinderungen sowie des Fakultativprotokolls zum Übereinkommen über die Rechte von Menschen mit Behinderungen.* Online: https://www.ris.bka.gv.at/GeltendeFassung.wxe?Abfrage=Bundesnormen&Gesetzesnummer=20006062 Zugegriffen: 19 Juli 2017

Bhabha, H. (1994). *The Location of Culture.* London: Routledge.

Biewer, G. (2001). *Vom Integrationsmodell für Behinderte zur Schule für alle Kinder.* Neuwied, Berlin: Luchterhand.

Biewer, G. (2002). Die Armut von Kindern, Jugendlichen und jungen Erwachsenen als Gegenstand der Heilpädagogik. *Die neue Sonderschule, 47* (2), 182–190.

Biewer, G. (2005). Armutsbegriffe und Armutstheorien in heilpädagogischen Kontexten. *Behindertenpädagogik, 44* (2), 149–159.

Biewer, G. (2017). *Grundlagen der Heilpädagogik und Inklusiven Pädagogik* (3. Aufl.). Bad Heilbrunn: Klinkhardt (UTB).

Biewer, G. & Schütz, S. (2016). Inklusion. In I. Hedderich, G. Biewer, J. Hollenweger & R. Markowetz (Hrsg.), *Handbuch Inklusion und Sonderpädagogik* (S. 123–127). Bad Heilbrunn: Klinkhardt (UTB).

BMB (2011). *Erziehung zur Gleichstellung von Frauen und Männern. Informationen zur Umsetzung ab der 5. Schulstufe.* Wien: Eigenverlag.

BMBF – Bundesministerium für Bildung und Frauen (2014). *Rundschreiben Nr. 12/2014 – Information zum muttersprachlichen Unterricht.* https://www.schule-mehrsprachig.at/fileadmin/schule_mehrsprachig/redaktion/muttersprachlicher_unterricht/9muttunt-rs14-erl.pdf Zugegriffen: 25. Juni 2018

BMFSFJ (Bundesministerium für Familie, Senioren, Frauen und Jugend) (2014). *Übereinkommen über die Rechte des Kindes. VN-Kinderrechtskonvention im Wortlaut mit Materialien.* Berlin: Eigenverlag. https://www.institut-fuer-menschenrechte.de/fileadmin/user_upload/PDF-Dateien/Pakte_Konventionen/CRC/crc_de.pdf

Boban, I. & Hinz, A. (Hrsg.) (2016). *Arbeit mit dem Index für Inklusion. Entwicklungen in weiterführenden Schulen und in der Lehrerbildung.* Bad Heilbrunn: Verlag Julius Klinkhardt.

Bohl, T., Budde, J. & Rieger-Ladich, M. (Hrsg.). (2017). *Umgang mit Heterogenität in Schule und Unterricht. Grundlagentheoretische Beiträge, empirische Befunde und didaktische Reflexionen.* Bad Heilbrunn: Klinkhardt (UTB).

Booth, Tony & Ainscow, Mel (2017). *Index für Inklusion. Ein Leitfaden für Schulentwicklung.* Herausgegeben und adaptiert von B. Achermann, D. Amirpur, M. L. Braunsteiner, H. Demo, E. Plate. & A. Platte; Weinheim & Basel: Beltz-Verlag.

Bourdieu, P. (1987). *Die feinen Unterschiede. Kritik der gesellschaftlichen Urteilskraft.* Frankfurt: Suhrkamp.

Bronfenbrenner, U. (1989). *Die Ökologie der menschlichen Entwicklung.* Frankfurt: Fischer.

Budde, J. (2008). *Mathematikunterricht und Geschlecht.* Bundesministerium für Bildung und Forschung (BMBF), Referat Bildungsforschung Wien: Eigenverlag.

Budde, J. (2017). Heterogenität: Entstehung, Begriff, Abgrenzung. In T. Bohl, J. Budde & M. Rieger-Ladich (Hrsg.), *Umgang mit Heterogenität in Schule und Unterricht* (S. 13–26). Bad Heilbrunn: Klinkhardt (UTB).

Bundesamt für Statistik (BFS). *Statistischer Bericht zur Integration der Bevölkerung mit Migrationshintergrund.* www.bfs.admin.ch/bfsstatic/dam/assets/2546310/master Zugegriffen: 22. Juni 2017

Butler, J. (1990, 2007). *Gender Trouble.* New York, Oxon: Routledge.

Butler, J. (2004). *Undoing Gender.* New York, Oxon: Routledge.

DESTATIS Statistisches Bundesamt (2017). *33 % der Schülerinnen und Schüler mit Migrationshintergrund.* http://www.destatis.de/DE/PresseService/Presse/Pressemitteilungen/zdw/2017/PD17_006_p002.html Zugegriffen: 22. Juli 2017

Deutsche UNESCO-Kommission. (2017). *Bildungsagenda 2030. Aktionsrahmen für die Umsetzung von Sustainable Development Goal 4. Inklusive, chancengerechte und hochwertige Bildung sowie lebenslanges Lernen für alle.* Hamburg: DUK.

DIPF – Deutsches Institut für Internationale Pädagogische Forschung (2006). *Unterricht und Kompetenzerwerb in Deutsch und Englisch. Zentrale Befunde der Studie Deutsch Englisch Schülerleistungen International (DESI).* Frankfurt am Main: Eigenverlag.

Drägestein, B. & Schwarze, O. (2013). Gender mainstreaming in Germany. In O. Holz & F. Shelton (Hrsg.), *Education & Gender: Gender-specific education in different countries. Historical aspects-current trends.* (S. 47–62) Münster et al.: Waxmann Verlag.

Eidgenössische Kommission für Frauenfragen (EKF) (2001). Mädchenbildung und Koedukation. In EKF (Hrsg.), *Frauen Macht Geschichte. Zur Geschichte der Gleichstellung in der Schweiz 1848–2000.* www.ekf.admin.ch/ekf/de/home/dokumentation/geschichte-der-gleichstellung–frauen-macht-geschichte/frauen-macht-geschichte-18482000.html Zugegriffen: 8.August 2018]

Emmerich, M. & Hormel, U. (2016). Pädagogik: Differenz und Intersektionalität. In I. Hedderich, G. Biewer, J. Hollenweger & R. Markowetz (Hrsg.), *Handbuch Inklusion und Sonderpädagogik* (S. 569–573). Bad Heilbrunn: Klinkhardt (UTB).

Faulstich-Wieland, H. (2006). Reflexive Koedukation als zeitgemäße Bildung. In H.-U. Otto & J. Oelkers (Hrsg.), *Zeitgemäße Bildung. Herausforderung für Erziehungswissenschaft und Bildungspolitik,* (S. 261–274). München: Reinhardt.

Feuser, G. (2005). *Behinderte Kinder und Jugendliche zwischen Integration und Aussonderung* (2. Aufl.). Darmstadt: Wissenschaftliche Buchgesellschaft.

Fiddian-Qasmiyeh, E., Loescher, G., Long, K. & Sigona, N. (Hrsg.) (2014, 2016). *The Oxford handbook of refugee and forced migration studies.* Oxford: Oxford University Press.

Fingerle, M. (2016). Resilienz, Coping. In M. Dederich, I. Beck, U. Bleidick & G. Antor (Hrsg.), *Handlexikon der Behindertenpädagogik* (S. 369–370). Stuttgart: Kohlhammer.

Fingerle, Michael (2016). Vulnerabilität. In I. Hedderich, G. Biewer, J. Hollenweger & R. Markowetz (Hrsg.), *Handbuch Inklusion und Sonderpädagogik* (S. 422–426). Bad Heilbrunn: Klinkhardt (UTB).

Florian, L. (Hrsg.) (2014). *The SAGE Handbook of Special Education* (2. Aufl.). Los Angeles et al: Sage.

Fritzsche, K. P. (2016). *Menschenrechte. Eine Einführung mit Dokumenten* (3. erw. u. aktualisierte Aufl.). Paderborn: Schöningh (UTB).

Gay, R. (2014). *Bad Feminists. Essays.* New York: Harper Perennial.

Gogolin, I. (2008). *Der monolinguale Habitus der multilingualen Schule.* (2. Aufl.). Münster: Waxmann.

Gomolla, M. & Radtke, F. O. (2007). *Institutionelle Diskriminierung. Die Herstellung ethnischer Differenz in der Schule.* (2. durchges. und erweiterte Aufl.). Wiesbaden: VS Verlag für Sozialwissenschaften.

Goodley, D. (2011). *Disability Studies. An Interdisciplinary Introduction.* Los Angeles, London, New Delhi, Singapore & Washington DC: Sage.

Goodley, D. (2014). *Dis/Ability Studies. Theorising Disablism and Ableism.* London & New York: Routledge.

Graumann, O. (2002). *Gemeinsamer Unterricht in heterogenen Gruppen. Von lernbehindert bis hochbegabt.* Bad Heilbrunn: Klinkhardt.

Greenstein, A. (2016). *Radical Inclusive Education. Disability, teaching, and struggles for liberation.* Hove & New York: Routledge.

Grosjean, F. (2012). Das Recht des gehörlosen Kindes, zweisprachig aufzuwachsen. In Deutscher Gehörlosenbund e.V. (Hrsg.): *Bilingual aufwachsen. Gebärdensprache in der Frühförderung gehörloser Kinder* (S. 12–15). Berlin: Eigenverlag.

Hartmann, J., Messerschmidt, A. & Thon, C. (2017). *Queering Bildung*. In *Jahrbuch Frauen- und Geschlechterforschung in der Erziehungswissenschaft, 13 (1)*, 15–28.

Haspel, M. (2005). Menschenrechte – Eine Einführung. *Der Bürger im Staat, 55 (1/2)*, 4–10.

Heller, K. A. (Hrsg.) (2001). *Hochbegabung im Kindes- und Jugendalter* (2., überarb. Und erw. Aufl.). Göttingen [u. a.]: Hogrefe.

Heller, K. A., Perleth, C. & Hany, E. A. (1994). Hochbegabung – ein lange Zeit vernachlässigtes Forschungsthema. *Einsichten – Forschung an der Ludwig-Maximilians-Universität München* (1), 18–22. Online: https://epub.ub.uni-muenchen.de/2547/1/2547.pdf

Holling, H. & Kanning, U. P. (1999). *Hochbegabung. Forschungsergebnisse und Fördermöglichkeiten*. Göttingen: Hogrefe.

Hornscheidt, l. (2012). *Feministische w_orte. ein lern-, denk und handlungsbuch zu sprache und diskriminierung, gender studies und feministische linguistik*. Transdisziplinäre Genderstudien 5. Frankfurt: brandes & apsel verlag.

Hoyningen-Süess, U. & Gyseler, D. (2006). *Hochbegabung aus sonderpädagogischer Sicht*. Bern: Haupt.

Hu, A. (2016). Migrationsbedingte Mehrsprachigkeit und schulischer Fremdsprachenunterricht: Forschung, Sprachenpolitik, Lehrerbildung. In H. Faulstich-Wieland (Hrsg.): *Umgang mit Heterogenität und Differenz*. (S. 121–139). Baltmannsweiler: Schneider Verlag Hohengehren.

Huster, E.-U., Boeckh, J. & Mogge-Grotjahn, H. (Hrsg.) (2018). *Handbuch Armut und soziale Ausgrenzung* (3. Aufl.). Wiesbaden: Springer VS.

Kramreiter, S. (2015). Inklusiv – Bilingual – Mehrstufig: Das Wiener Schulmodell. *Das Zeichen 99*, S. 82–96.

Krausneker, V. und Schalber, K. (2007). *Sprache Macht Wissen. Zur Situation gehörloser SchülerInnen, Studierender & ihrer LehrerInnen, sowie zur Österreichischen Gebärdensprache in Schule und Universität Wien. Zusammenfassung des Forschungsberichts 2006/07*. Wien: Eigenverlag.

Krolokke, C. & Sorensen, A. S. (2006). *Gender communication theories & analyses: From silence to performance*. Thousand Oaks, London, New Delhi: Sage.

Kronig, W. (2003). Das Konstrukt des leistungsschwachen Immigrantenkindes. In *Zeitschrift für Erziehungswissenschaft, 6* (1), S. 126–141.

Krüger-Potratz, M. (2010). Interkulturelle Pädagogik. In P. Dieckhoff (Hrsg.), *Kinderflüchtlinge: theoretische Grundlagen und berufliches Handeln* (S. 151– 158). Wiesbaden: Springer-Verlag

Krüger-Potratz, M. (2011). Intersektionalität. In H. Faulstich-Wieland (Hrsg.), *Umgang mit Heterogenität und Differenz. Professionswissen für Lehrerinnen und Lehrer. Band 3* (S. 183–200). Baltmannsweiler: Pestalozzianum Schneider.

Kuhlmann, C. (2018). Bildungsarmut und die soziale ›Vererbung‹ von Ungleichheiten. In E.-U. Huster, J. Boeckh & H. Mogge-Grotjahn (Hrsg.), *Handbuch Armut und soziale Ausgrenzung* (S. 431–456). Wiesbaden: Springer Fachmedien Wiesbaden.

Leiprecht, R. & Lutz, H. (2005). Intersektionalität im Klassenzimmer. Ethnizität, Klasse, Geschlecht. In R. Leiprecht & A. Kerber (Hrsg.), *Schule in der Einwanderungsgesellschaft* (S. 218–238). Schwalbach: Wochenschau.

Markowetz, R. & Reich, K. (2016). Didaktik. In I. Hedderich, G. Biewer, J. Hollenweger & R. Markowetz (Hrsg.), *Handbuch Inklusion und Sonderpädagogik* (S. 338–346). Bad Heilbrunn: Klinkhardt (UTB).

Marx, K. & Engels, F. (2016). *Gesammelte Werke*. Köln: Anaconda Verlag.

Mecheril, P. et al. (2010). *Migrationspädagogik*. Beltz Verlag: Weinheim und Basel.

Meyer, J. W. (2005). *Weltkultur. Wie die westlichen Prinzipien die Welt durchdringen*. Frankfurt: Suhrkamp.

Nieke, W. (2008). *Interkulturelle Erziehung und Bildung*. (3. aktual. Aufl.). Wiesbaden: VS Verlag für Sozialwissenschaften.

Norwich, B. (2007). *Dilemmas of difference, inclusion and disability: international perspectives*. London: Routledge.

Nuscheler, F. (2013). *Internationale Migration. Flucht und Asyl*. (2. Aufl.) Wiesbaden: Springer-Verlag.

Nussbaum, M. (2007). *Frontiers of Justice: Disability - Nationality – Species Membership*. Cambridge (MA), London: Belknap Press of Harvard University Press.

Nussbaum, M., & Sen, A. (1993). *The Quality of Life. Oxford, New York: Oxford University Press*. Oxford, New York: Oxford University Press (Reprint 2009).

Nussbaum, Martha (2011). *Creating Capabilities: The Human Development Approach*. Cambridge (MA), London: Belknap Press of Harvard University Press

Oliver, M. & Barnes, C. (2012). *The New Politics of Disablement*. Basingstoke & New York: Palgrave Macmillan.

Otto, H.-U. & Ziegler, H. (Hrsg.) (2010). *Capabilities – Handlungsbefähigung und Verwirklichungschancen in der Erziehungswissenschaft* (2. Aufl.). Wiesbaden: VS.

Pfahl, L. (2011). *Techniken der Behinderung. Der deutsche Lernbehinderungsdiskurs, die Sonderschule und ihre Auswirkungen auf Bildungsbiografien.* Bielefeld: transcript.

Pfeifer, W. (Hrsg.) (1993). *Etymologisches Wörterbuch des Deutschen* (3. Aufl.). Berlin: Akademie Verlag.

Plutzar, V. (2016). Sprachenlernen nach der Flucht. Überlegungen zu Implikationen der Folgen von Flucht und Trauma für den Deutschunterricht Erwachsener. In H. Cölfen & F. Januschek (Hrsg.), *Flucht_Punkt_Sprache* (S. 109–133). Duisburg: Universitätsverlag Rhein-Ruhr.

Prengel, A. (1995, 2006). *Pädagogik der Vielfalt. Verschiedenheit und Gleichberechtigung in Interkultureller, Feministischer und Integrativer Pädagogik* (2. Aufl. 1995). Opladen: Leske + Budrich (3. Aufl. 2006). Wiesbaden: VS Verlag für Sozialwissenschaften.

Radtke, F.-O. (2017). Kategorie Kultur. In T. Bohl, J. Budde & M. Rieger-Ladich (Hrsg.), *Umgang mit Heterogenität in Schule und Unterricht. Grundlagentheoretische Beiträge, empirische Befunde und didaktische Reflexionen* (S. 61–76). Bad Heilbrunn: Klinkhardt (UTB).

Ramirez, F. O., Suárez, D. & Meyer, J. W. (2007). The worldwide rise of human rights education. In A. Benavot (Hrsg.), *School knowledge in comparative and historical perspective.* Dordrecht [u. a.]: Springer.

Rawls, J. (1998). *Eine Theorie der Gerechtigkeit* (10. Aufl.). Frankfurt: Suhrkamp.

Reich, K. (2014). *Inklusive Didaktik. Bausteine für eine inklusive Schule.* Weinheim, Basel: Beltz.

Reich, K. (Hrsg.) (2012). *Inklusion und Bildungsgerechtigkeit. Standards und Regeln zur Umsetzung einer inklusiven Schule.* Weinheim, Basel: Beltz.

Riegert, J., & Musenberg, O. (Hrsg.) (2015). *Inklusiver Unterricht in der Sekundarstufe.* Stuttgart: Kohlhammer.

Rieske, T. V. (2011). *Bildung von Geschlecht. Zur Diskussion um Jungenbenachteiligung und Feminisierung in deutschen Bildungsinstitutionen.* Frankfurt: GEW.

Rose, D. R., Gravel, J. W. & Gordon, D. T. (2014). Universal Design for Learning. In L. Florian (Hrsg.), *The SAGE Handbook of Special Education.* Vol. 2 (S. 475–489). Los Angeles, London, New Delhi, Singapore. Washington DC: Sage.

Scherr, A. (2017). Kategorie Klasse. In T. Bohl, J. Budde & M. Rieger-Ladich (Hrsg.), *Umgang mit Heterogenität in Schule und Unterricht. Grundlagentheoretische Beiträge, empirische Befunde und didaktische Reflexionen* (S. 93–108). Bad Heilbrunn: Klinkhardt (UTB).

Schönwiese, V. (2016). Behindertenbewegungen. In I. Hedderich, G. Biewer, J. Hollenweger & R. Markowetz (Hrsg.): *Handbuch Inklusion und Sonderpädagogik* (S. 44–48). Bad Heilbrunn: Klinkhardt.
Sen, A. (1992). *Inequality Reexamined.* Oxford, New York: Oxford University Press (Reprint 2009).
Sen, A. (1999). *Development as Freedom.* Oxford, New York: Oxford University Press.
Sen, A. (2010). *The Idea of Justice.* London: Pinguin.
Senatsverwaltung für Bildung, Jugend und Wissenschaft (2013). *Handlungsrahmen Schulqualität in Berlin. Qualitätsbereiche und Qualitätsmerkmale.* Berlin: Eigendruck. http://www.berlin.de/sen/bildung Zugegriffen: 31. Juli 2018
Spivak, G. (2008). *Can the Subaltern Speak? Postkolonialität und subalterne Artikulation.* Wien: Turia + Kant.
Statistik Austria/Kommission für Migrations- und Integrationsforschung der ÖAW (Hrsg.) (2016). *Migration & Integration. Zahlen-Daten-Indikatoren 2016.* Wien: BMEIA.
Steckmann, U. (2010). Autonomie, Adaptivität und Paternalismusproblem. Perspektiven des Capability Approach. In H.-U. Otto & H. Ziegler (Hrsg.), *Capabilities – Handlungsbefähigung und Verwirklichungschancen in der Erziehungswissenschaaft* (S. 90–115). Wiesbaden: VS.
Sturm, T. (2016). *Lehrbuch Heterogenität in der Schule* (2. Aufl.). München: Reinhardt (UTB).
Terzi, L. (2010). *Justice and Equality in Education. A Capability Perspective on Disability and Special Educational Needs.* London, New York: Continuum.
Thon, C. (2017). Kategorie Geschlecht. In T. Bohl, J. Budde & M. Rieger-Ladich (Hrsg.), *Umgang mit Heterogenität in Schule und Unterricht* (S. 77–92). Bad Heilbrunn: Klinkhardt.
UN (United Nations) (1948). *Resolution der Generalversammlung. 217 A (III). Allgemeine Erklärung der Menschenrechte.* http://www.un.org/depts/german/menschenrechte/aemr.pdf Zugegriffen: 18. Juli 2018
UN (United Nations) (1989). *Convention on the Rights of the Child. Adopted and opened for signature, ratification and accession by General Assembly resolution 44/25 of 20 November 1989. Entry into force 2 September 1990, in accordance with article 49.* Online: https://www.ohchr.org/Documents/ProfessionalInterest/crc.pdf [2018-07-18]
UN (United Nations) (2006). *Convention on the Rights of Persons with Disabilities and Optional Protocol.* http://www.un.org/disabilities/documents/convention/convoptprot-e.pdf Zugegriffen: 18. Juli 2018

UN (United Nations) (2011). *Erklärung der Vereinten Nationen über Menschenrechtsbildung und –ausbildung.* Online: http://www.un.org/depts/german/gv-66/band1/ar66137.pdf Zugegriffen:20. Juli 2018

UNDP (2016). *Human Development Report 2016.* New York: UNDP.

UNESCO (1994). *The Salamanca Statement and Framework for Action on Special Needs Education. Access and Quality.* Salamanca, Spain, 7–10 June 1994. Paris: Unesco.

UNESCO (2005). *Guidelines for Inclusion. Ensuring Access to Education for All.* Paris: UNESCO.

UNESCO (2009). *Policy Guidelines on Inclusion in Education.* Paris: UNESCO.

UNESCO (2015). *Incheon Declaration and Framework for Action for the Implementation of Sustainable Development Goal 4.* Paris: UNESCO.

UNESCO (2015). *Incheon Declaration and Framework for Action for the Implementation of Sustainable Development Goal 4.* Paris: UNESCO.

UNHCR (United Nations High Commission on Refugees) (2017): *Abkommen über die Rechtsstellung der Flüchtlinge vom 28. Juli 1951 (In Kraft getreten am 22. April 1954). Protokoll über die Rechtsstellung der Flüchtlinge vom 31. Januar 1967 (In Kraft getreten am 4. Oktober 1967).* http://www.unhcr.org/dach/wp-content/uploads/sites/27/2017/03/Genfer_Fluechtlingskonvention_und_New_Yorker_Protokoll.pdf Zugegriffen: 19. Juli 2018

UNHCR Österreich (2017). *Flucht und Trauma im Kontext Schule. Handbuch.* Wien: Eigenverlag. http://www.unhcr.org/dach/wp-content/uploads/sites/27/2017/08/AT_Traumahandbuch_2017.pdf Zugegriffen: 26. Juni 2018

UPIAS – Union of the Physically Impaired against Segregation (1975). *Fundamental Principles of Disability.* http://disability-studies.leeds.ac.uk/files/library/UPIAS-fundamental-principles.pdf Zugegriffen: 24. Februar 2016

Waldschmidt, A. (2005). Disability Studies: Individuelles, soziales und/oder kulturelles Modell von Behinderung? In *Psychologie und Gesellschaftskritik* 01, 9–31.

Walgenbach, K. (2017). *Heterogenität - Intersektionalität - Diversity.* Opladen, Toronto: Budrich.

Weisser, J. (2007). Für eine anti-essentialistische Theorie der Behinderung. In *Behindertenpädagogik, 46 (4),* 237–249.

Weisser, J. (2010). Behinderung als Fall von Diskriminierung – Diskriminierung als Fall von Behinderung. In U. Hormel & A. Scherr (Hrsg.), *Diskriminierung* (S. 307–322). Wiesbaden: VS Verlag für Sozialwissenschaften.

WHO – World Health Organization (1980). *International Classification of Impairments, Disabilities and Handicaps. A manual of classification relating to the consequences of disease.* Genf: WHO.

WHO (2005). *ICF – Internationale Klassifikation der Funktionsfähigkeit, Behinderung und Gesundheit.* Genf: Eigendruck (DIMDI).

Wintersteiner, W., Grobbauer, H., Diendorfer, G. & Reitmair-Juaréz, S. (2014). *Global Citizenship Education. Politische Bildung für die Weltgesellschaft.* Klagenfurt, Salzburg, Wien: Zentrum für Friedensforschung und Friedenspädagogik.

Yildiz, E. (2011). Migration und Bildung. Von einer schulischen Segregation zu einer diversitätsbewussten Bildung. In K. Kansteiner-Schänzlin (Hrsg.), *Schule im gesellschaftlichen Spannungsfeld* (S. 139–153). Baltmannsweiler: Schneider-Verlag Hohengehren.

Ziegler, A. (2017). *Hochbegabung* (2. Aufl.). Basel: Reinhardt (UTB).

Zimmermann, G. (2000). Ansätze zur Operationalisierung von Armut und Unterversorgung im Kindes- und Jugendalter. In C. Butterwegge (Hrsg.), *Kinderarmut in Deutschland* (S. 59–77). Frankfurt: Campus.

Joachim Kahlert (Hrsg.)

Die Inklusionssensible Grundschule

Vom Anspruch zur Umsetzung

2019. 223 Seiten,
5 Abb., 8 Tab. Kart.
€ 32,–
ISBN 978-3-17-034254-5

Inklusion in Schule und Gesellschaft

Lehrkräfte an Grundschulen sind angesichts der Inklusionsaufgaben stark herausgefordert. Die Vorbereitung darauf spielt in der Ausbildung aber erst seit kurzem eine Rolle. Das Buch schafft hier Abhilfe. Mit dem Konzept der „Inklusionssensiblen Grundschule" tritt es für ein realistisches und pragmatisch umsetzbares Inklusionsverständnis ein und stellt das pädagogische Berufswissen vor, das nicht-sonderpädagogische Lehrende bei der Umsetzung inklusionsorientierter Ansprüche unterstützt. Ausgewählte Maßnahmen verdeutlichen, wie auch Schülerinnen und Schüler ohne sonderpädagogischen Förderbedarf davon profitieren, wenn Lehrkräfte ihr methodisch-didaktisches Handlungsrepertoire und ihr Reflexionswissen zur Förderung von Kindern mit besonderen Entwicklungsbedürfnissen erweitern und inklusionssensibel handeln. Das Konzept der „Inklusionssensiblen Grundschule" baut so eine Brücke – nicht zuletzt für die gelingende Zusammenarbeit mit sonderpädagogisch ausgebildeten Spezialistinnen und Spezialisten.

W. Kohlhammer GmbH
70549 Stuttgart

Kohlhammer

Christian Lindmeier

Differenz, Inklusion, Nicht/Behinderung

Grundlinien einer diversitätsbewussten Pädagogik

2019. 159 Seiten,
2 Abb. Kart. € 26,-
ISBN 978-3-17-036082-2

Der Fachdiskurs über einen ‚inclusive turn' des deutschen Bildungssystems gerät zunehmend in eine Sackgasse. Die Ursachen dieser Entwicklung sind vielfältig und haben keineswegs nur mit Unzulänglichkeiten der praktischen Umsetzung inklusiver Bildung zu tun. Es sind auch Reflexionsdefizite zu verzeichnen, die bislang nicht nur von der Bildungspolitik und -praxis, sondern auch von der Erziehungswissenschaft unterschätzt werden. Das Buch reagiert auf dieses Defizit, indem es soziale Differenz, Othering und Ableism ins Verhältnis setzt. Die so gewonnenen Erkenntnisse werden exemplarisch auf die bildungspolitischen Weichenstellungen zur inklusiven Bildung und zum zieldifferenten Lernen angewendet. Die Skizze einer diversitätsbewussten Pädagogik, welche die Differenzsetzung Nicht/Behinderung (Dis/Ability) neben anderen Differenzsetzungen unter dem Aspekt einer gerechten inklusiven Bildung reflektiert, bildet den Ausblick.

W. Kohlhammer GmbH
70549 Stuttgart

Kohlhammer